22 Tipps gegen Aufschieberitis

Siegfried Lachmann,

Jahrgang 1962, aufgewachsen in Dortmund, lebt seit 1983 als Wahl-Badener in der Nähe von Offenburg. Er ist Experte für Kommunikation, Veränderung und Lebensmanagement. Seit über 30 Jahren ist er als Trainer und Seminarleiter im In- und Ausland tätig. Als Personal Coach begleitet er Menschen in Veränderungsprozessen. Darüber hinaus ist er Produzent und Sprecher von Hörbüchern. Er weiß aus eigener Erfahrung um die Aufschieberitis, ihre Folgen und ihre Bekämpfung. Mehr über Siegfried Lachmann erfahren Sie auf seiner Homepage:

☞ http://www.siegfriedlachmann.de

SIEGFRIED LACHMANN

22 Tipps gegen Aufschieberitis

Illustrationen:
Thomas Alwin Müller

Besuchen Sie uns im Internet:
www.gmeiner-verlag.de

© 2013 – Gmeiner-Verlag GmbH
Im Ehnried 5, 88605 Meßkirch
Telefon 07575/2095-0
info@gmeiner-verlag.de
Alle Rechte vorbehalten
1. Auflage 2013

Lektorat: Anja Sandmann
Layout/Herstellung: Matthias Schatz
Druck: CPI books GmbH, Ulm
Printed in Germany
ISBN 978-3-8392-1339-1

Inhaltsverzeichnis

Verstehen Sie es als ein Arbeitsheft! Deshalb gibt es auch pro Tipp eine kleine Tabelle mit Einordnungsfragen. Es kommt nicht darauf an, wie viele Ja oder Nein Sie hier sammeln, sondern darauf, was die Fragen bei Ihnen auslösen! Wohin geht die Richtung und was davon können Sie als Anregung gebrauchen? Zeichnet sich vielleicht eine Tendenz ab, die für Sie mehr Klarheit in Ihrem Umgang mit der Aufschieberei mit sich bringt? Prima, dann nutzen Sie diese Erkenntnisse direkt für die weiteren Schritte!

Zu jedem Tipp gibt es außerdem eine Zusammenfassung in Form einer Checkliste, die Sie durch die einzelnen notwendigen Schritte führt. Haken Sie ab, was Sie erreicht haben. Haken Sie ab, was Sie Ihren Zielen näher bringt. Umkreisen Sie, was momentan nicht gelöst werden kann, aber noch gemacht werden muss! Arbeiten Sie nacheinander und Schritt für Schritt an der Umsetzung der einzelnen Checklisten – so werden Sie keinen wichtigen Punkt vergessen!

Aufschieberitis

22 Tipps gegen Aufschieberitis

›Müde macht uns die Arbeit, die wir liegen lassen, nicht die, die wir tun.‹

Mit diesem Zitat von Marie von Ebner-Eschenbach möchte ich Sie herzlich zu dieser Lektüre begrüßen. Aufschieberitis ist in den letzten Jahren zu einem festen Begriff in unserem Vokabular geworden. Hört man dieses Wort, weiß man, worum es geht. Es geht um das Aufschieben von Aufgaben und Projekten, meistens unangenehme Dinge. Aufschieberitis ist wie ein Virus, der bekämpft werden muss. Bei dem einen mehr, bei dem anderen weniger. Im Grunde genommen geht es darum, sich bewusst zu machen, wie man in diesem Moment seine Zeit am besten verbringt. Mit den folgenden 22 Tipps möchte ich Sie unterstützen, vom Schieber zum Macher zu werden.

Dass Ihnen dies gelingt, wünscht Ihnen

Siegfried Lachmann

Ihr Siegfried Lachmann

1.
Muss denn Aufschieben Sünde sein?

Heute schon aufgeschoben?

Seien Sie ehrlich. Hatten Sie heute schon wieder eine Aufgabe, welche in Ihrem Kalender stand, und die auf morgen verschoben wurde? Hat sich dafür eine wichtige oder dringende Aufgabe erledigt? Oder haben Sie gar nichts getan?

Ab und an Arbeiten aufschieben ist okay. Problematisch wird es beim Dauerzustand!

Ich habe solche Tage, an denen mich die To-dos in meinem Kalender nicht berühren. Ich schaue dann nicht einmal in mein Tempus-Zeitplansystem, sondern erst am nächsten Tag. Dann aber müssen diese verschobenen To-dos neu terminiert und priorisiert werden. Mal aufschieben, ist ja okay, doch darf es kein Dauerzustand werden, ansonsten stimmt an meinem System, an meiner Organisation etwas nicht. Und dann wird Aufschieben zu einer ernsten Angelegenheit.

Zeit bewusst planen.

Allein der Berg von Arbeit, der sich durch permanentes Aufschieben ergibt, blockiert die Tatkraft für die nächsten Tage. Gegen das schlechte Gewissen helfen zwei Dinge: Entweder bewusst Entspannungszeit buchen oder an solchen Tagen bewusst andere Projekte angehen.

Organisation hinterfragen.

Dann gilt es, mein Leben zu hinterfragen: Stelle ich zu hohe Ansprüche? Kann ich nicht delegieren? Nehme ich mir zu viel auf einmal vor? Sind die Zeitvorgaben unrealistisch?

Wenn Aufschieben laufend passiert, dann ist langsam Schluss mit lustig. Denn dann verliert sich das Vertrauen in meine Person und meine Fähigkeiten. Nicht nur bei anderen Personen, auch bei mir selbst. Und das ist alles andere als schön! Denn ohne Selbstwertgefühl wird es immer schwerer, die Aufgaben zu bewältigen. Es beginnt der negative Kreislauf, der aus einem ab und an mal Aufschieben die echte Aufschieberitis macht.

Aufschieben kann schlimm werden!

Die echte Aufschieberitis führt zu Problemen, Krisen, finanziellen und persönlichen Verlusten. Kollegen und Freunde verlieren neben dem Vertrauen auch die Lust an der Zusammenarbeit, der Kontakt schwindet. Das macht einsam und traurig noch dazu.

Chronisches Aufschieben birgt Risiken.

Folgende Fragen und Aussagen geben mir eine erste Orientierung:

Wie geht es mir momentan mit dem Aufschieben? Ist das Aufschieben jetzt gerade ein Problem?

Ist Aufschieben schlecht?	Ja	Nein
Einige Sachen bleiben mit schlechtem Gewissen liegen.	X	
Andere wichtige Aufgaben / Projekte sind stattdessen fertig geworden.	X	
Die Zeitvorgabe für ein Projekt war realistisch, trotzdem blieb es liegen.	X	
Insgesamt bleiben viele Aufgaben unbearbeitet.		X
Der Berg an aufgeschobener Arbeit türmt sich.	X	

Checkliste

- Gelegentliches Aufschieben einplanen
- Gelegentliches Aufschieben einplanen
- Aufschiebeverhalten beobachten und die Rückmeldung von Bekannten / Kollegen dazu einholen
- Sobald es häufiger wird: Gegenmaßnahmen ergreifen!
- Die Gegenmaßnahmen keinesfalls aufschieben!

2.
Sind Sie ein Aufschiebertyp?

Sicher, vom Aufschieben geht die Welt nicht unter. Doch wenn es chronisch wird, dann stellt sich die Frage: Sind Sie generell ein Aufschieber? Folgende Fragen dazu:

Fragen zur Einordnung: Aufschiebertyp ja oder nein.

- Erledige ich vieles auf den letzten Drücker?
- Muss ich immer an Unerledigtes denken?
- Bin ich ein unverbesserlicher Perfektionist?
- Will ich in kurzer Zeit vieles erreichen, wofür andere Jahre brauchen?
- Bin ich im Grunde sehr spontan?
- Hat mir meine Aufschieberitis schon manches Mal Nachteile gebracht?
- Unterbreche ich immer wieder meine Aufgaben?

Wenn Sie mehr als die Hälfte dieser Fragen mit Ja beantworten, gehören Sie zu den Aufschiebertypen. Diese Erkenntnis ist nicht negativ, sondern hilft, dagegen anzugehen und an sich zu arbeiten.

Bei mindestens vier Ja-Stimmen sind Sie ein Aufschieber.

Halten wir an dieser Stelle fest: Wissen Sie, welcher Aufschiebertyp Sie sind? Es gibt in der Regel zwei Größen: den Vermeidertyp und den Erregungstyp.

Zwei Aufschiebertypen sind die Regel.

Wer jede Aufgabe am liebsten mit 110 Prozent erfüllt und trotzdem Projekte unbearbeitet lässt, gehört zu den Vermeidern. Der Drang zur Perfektion behindert. Aufgaben werden lieber gar nicht begonnen, bevor sie

Vermeidertyp: Die perfekt sein wollen.

nur ungenügend abgeschlossen werden. Die Angst vor dem Versagen steht hier im Raum, ein großer Perfektionsdrang und das Ziel, immer allem gerecht zu werden. Das ist problematisch, denn niemand ist perfekt. Oft genügen von 110 Prozent auch 80 Prozent, um den Chef oder den Geschäftspartner zufriedenzustellen.

Tipps für Vermeider: Etappenziele definieren und delegieren.

Was hilft? Projekte in erreichbare Ziele aufgliedern. Für spezielle Kenntnisse und Fertigkeiten Profis hinzuziehen. Ein ungeliebtes Beispiel ist die jährliche Steuererklärung: Wahrscheinlich macht sie niemand gern. Die einen werden schneller damit fertig, die anderen später. Wer erst gar nicht damit anfängt, weil er sich mit Formularen und Begriffen überfordert sieht und keinen Anfang findet, der kann auf Profis zurückgreifen. Ob Steuerhilfeverein oder Steuerberater: Die Aufgabe wird korrekt erfüllt, der Vermeider hat einen Posten weniger auf der Liste.

Erregungstyp: Die den Kitzel der Deadline suchen.

Die zweite Fraktion der Aufschieber besteht aus den Menschen, die den Kitzel der Deadline brauchen. Wer erst zur Höchstform aufläuft, wenn das Abgabedatum näher und näher rückt, der gehört in diese Abteilung. Die Erregung stellt sich ein, wenn trotz viel zu knappem Zeitkonto die Aufgabe noch gerade rechtzeitig absolviert wurde. Ein berauschendes Gefühl, ohne Frage. Kritisch wird es dann, wenn dieses Verhalten zur Regel wird. Denn dann baut sich Stress auf, unnötiger sogar. Die Belastung wird größer, weil permanent Fristen drohen. Entspannung ist keine mehr möglich, der Kitzel und das damit verbundene

Hochgefühl werden immer kleiner. Mal aufschieben, ist in Ordnung, ständig Termine verschieben, dagegen eine Belastung.

Der Erregungsaufschieber fährt optimal, wenn er sich wie der Kollege Vermeidungsaufschieber kleine Etappenziele setzt. Lang bekannte Fristen sind mit vorgezogenem Datum im Kalender zu notieren. Wenn die Deadline eigentlich am 15. eines Monats ist, im Kalender aber der 10. des Monats steht, dann prägt sich auch das falsche Datum ein. Auf diese Weise sind problemlos fünf weitere Tage für Korrekturarbeiten oder letzte Verschönerungen gewonnen. Selbst der Kitzel der späten Erledigung bleibt bestehen, wenn es denn unbedingt sein muss.

Tipps für Erregungsaufschieber: Fristen verkürzen.

Für beide Aufschiebertypen gilt: Kleine Erfolge motivieren. Deshalb können die ruhig dick und rot im Kalender markiert werden. Manchmal erfüllt auch die Kommunikation nach außen einen ähnlichen Erfolgsdruck: Wenn erst einmal alle Bekannten wissen, dass fristgerecht gearbeitet werden kann, dann steigt die Erwartung an zukünftige Projekte. So mancher Aufschieber wird durch einen engagierten Drängler erst pünktlich. Das kann ein Partner sein oder ein guter Freund, der Zeitpläne abfragt und Etappenziele sehen will.

Kleine Erfolge motivieren, Drängler von außen sind erlaubt.

Neben den beiden Aufschiebertypen Vermeidertyp und Erregungstyp gibt es noch zahlreiche andere Aufschiebertypen, zwei seien hier noch exemplarisch erwähnt: Der soziale Helfer und der Spaßaufschieber.

Weitere Aufschiebertypen.

Sozialer Helfer:
Kümmert sich
mehr um die Pro-
bleme anderer als
um die eigenen.

Wer mit dem Helferleinkomplex geboren wird, kümmert sich intensiv um die Belange anderer. Dieser soziale Aufschieber kommt wegen der Beschäftigung mit den Problemen anderer gar nicht dazu, sich um eigene Aufgaben zu kümmern und lenkt sich so von unangenehmen eigenen Projekten ab.

Spaßaufschieber:
Aufschieben aus
Spaß und mit
Anekdoten, um
von eigenen
Problemen
abzulenken.

Mit lustigen Geschichten lenkt sich der Spaßaufschieber selbst von seiner Aufschieberei ab und unterhält auch gleich noch Kollegen, Bekannte und Freunde damit. Beinahe verpasste Hochzeiten, rasante Autofahrten oder die Abgabe in allerletzter Sekunde werden witzig ausgeschmückt.

Folgende Fragen und Aussagen geben mir eine erste Orientierung:

Welcher Aufschiebertyp bin ich?

Bin ich ein Vermeidungsaufschieber?	Ja	Nein
Fristen interessieren mich erst, wenn sie richtig dringend sind.		X
Jede Aufgabe muss zu 100-prozentig oder mehr erfüllt sein.	X	
Manche Aufgaben machen mir Angst, sie nicht richtig erfüllen zu können.	X	
Die Probleme anderer interessieren mich mehr als eigene Aufgaben.		X
Manche Aufgaben bringe ich nicht zu Ende, weil die Frist mich lähmt.	X	

Bin ich ein Erregungsaufschieber?	Ja	Nein
Ich kann mit einer Aufgabe erst anfangen, wenn es eigentlich schon zu spät dafür ist.		X
Ich genieße es, Aufgaben auf den letzten Drücker fertigzustellen.		X
Je später ich anfange, desto besser wird das Ergebnis.		X
Solange die Frist nicht näher rückt, sind andere Aufgaben viel interessanter als eigentlich zu erledigenden Aufgaben.	X	
Ich nehme es in Kauf, Aufgaben nicht komplett erfüllen zu können, weil ich zu spät damit begonnen habe.		X

Checkliste

- ☞ Aufschiebertyp herausfinden
- ☞ Typgerechte Wege aus der Aufschieberitis finden
- ☞ Für Vermeider:
  - ▸ Etappenziele definieren und
  - ▸ Aufgaben delegieren, wenn möglich und nötig
  - ▸ Feedback und Bestätigung durch Kollegen / Freunde einholen und Perfektionismus bewusst bremsen
- ☞ Für Erregungsaufschieber:
  - ▸ Eigene Fristen verkürzen
  - ▸ Terminkalender mit anderen Terminen füllen, um Spielraum für die Erfüllung der Aufgaben zu erreichen
  - ▸ Etappenziele feststecken
- ☞ Bei jeder neuen Aufschieberei bewusst machen, was da eigentlich passiert: Blockiert der eigene Perfektionismus? Drängt die Deadline noch nicht genug?

3.
Willkommen im Club

Schenkt man einigen Umfragen Glauben, so hat jeder Vierte in unserem Lande Erfahrungen mit Aufschieberitis gemacht. Daher zu denken, man sei alleine mit dem ewigen Aufschieben, ist verkehrt. Gerade ein solches Denken bremst ungemein. Hier ist der Schritt zum Selbstmitleid nicht weit. Und Selbstmitleid macht einsam. Ich alleine mache mich zum Opfer, richte den Fokus nur auf mich. In dieser Eremitenrolle ist Hilfe schwer anzunehmen.

Aufschieber sind nicht allein!

Die Aufschieberitis hat es unter dem Namen ›Studentensyndrom‹ bis in die wissenschaftliche Literatur gebracht. Die Zahlen schwanken. Klar ist: Die meisten Studenten leiden mehr oder weniger an Aufschieberitis. Das sind so ungefähr zwei Millionen, Tendenz steigend. Von Alleinsein kann da gar keine Rede sein!

Aufschieberitis, auch Studentenkrankheit genannt.

Fast jeder Vierte kam wegen aufgeschobener Arbeit schon mal in Bedrängnis – die Aufschieberei ist also wahrscheinlich den Kollegen und dem Chef so vertraut wie Ihnen. Womit es keine Schande ist, klar um Hilfe zu bitten. Weniger mit längeren Fristen, eher mit Hilfestellungen für die fristgerechte Erledigung.

Fast jeder Vierte kennt die Aufschieberei aus eigener Erfahrung.

Dann verschwindet auch das Selbstmitleid. Das ist wichtig, denn Selbstmitleid bremst aus. Selbstmitleid macht traurig und verschwendet die Energie, die ja

Selbstmitleid blockiert.

eigentlich für die Aufgaben gedacht ist. Dazu kommt die Einsamkeit: Wem will man schon erzählen, dass nichts so klappt, wie es soll?

Also heißt es: Gleichgesinnte suchen. Ganz bewusst: Keine Opfer suchen, keine Mitleidenden, sondern Gleichgesinnte, die die Aufschieberitis angehen wollen. Da gibt es verschiedene Anlaufstellen. Der Chef ist eine Möglichkeit, wenn er einfühlsam ist und den Drang nach Perfektionismus nachvollziehen kann. Der Partner oder ein Verwandter, der mit der Aufschieberitis schon Bekanntschaft geschlossen hat. Viel anonymer, aber grenzenlos: Entsprechende Foren im Internet. Das größte Forum wird von Bernd Klein aus Singen betreut und zählt über 7 000 Mitglieder. So viele Gleichgesinnte!

Gleichgesinnte suchen.

Die Themen sind vielfältig: Da geht es um den Beginn von Abschlussarbeiten, Therapieansätze und um den Umgang mit Familie und Freunden. Ganz praktische Fragen sind mit dabei: wie Therapien begonnen und die ersten Schritte hin zur Erledigung von Aufgaben bewältigt werden. Der Austausch hilft, sich das eigene Verhalten bewusst zu machen.

Mögliche Themen für den Austausch.

In der Gemeinschaft zeigen sich Verhaltensmuster auch schneller. Mit den Augen anderer zeichnen sich die Auslöser vom Aufschiebeverhalten deutlicher ab.

Fremde Augen erkennen Verhaltensmuster schneller.

Folgende Fragen und Aussagen geben mir eine erste Orientierung:

Bin ich der Einzige, dem es so geht?

Fühle ich mich allein mit meiner Aufschieberei?	Ja	Nein
Mein berufliches und privates Umfeld scheint keine Probleme mit dem Aufschieben zu haben.		
Ich bin überfordert damit, Auswege aus dem Aufschieben zu finden.		
Niemand scheint meine Probleme mit der Aufschieberitis ernst zu nehmen.		
Ich vertusche meine Aufschieberei vor anderen.		
Ich kenne niemanden, der selbst offen zugibt, an Aufschieberitis zu leiden.		

Checkliste

- Kollegen / Bekannte ansprechen und nachhaken, wer selbst Probleme mit der Aufschieberei hatte
- Aktiv selbst aussprechen, dass die Aufschieberei ein Problem darstellt
- Selbstmitleid aus dem Bewusstsein verbannen
- Reaktionen aus dem Kollegen- / Bekanntenkreis akzeptieren, wie sie kommen
- Gemeinschaft bei anderen Aufschiebern suchen und sich dort über Probleme austauschen

4.
Aufschieben und der Preis

Unerledigte Aufgaben fordern einen hohen Preis.

Glauben Sie mir: Auf Dauer ist der Preis fürs Aufschieben sehr hoch. Beobachten Sie sich dabei, wie weit Sie aufgeschobene Aktivitäten nach hinten werfen. Das, was Sie heute nicht erledigt haben, hatte ja irgendeinen Sinn, erledigt zu werden. Aus diversen Gründen haben Sie aufgeschoben. Der nächste Tag ist geplant für diese Aufgabe. Bei viel beschäftigten Menschen kommt es oft vor, dass sich Aufgeschobenes zu aktuellen Vorgängen gesellt. Der Tag wird voller. Unkonzentriertheit macht sich breit. Die notwendige Arbeitsqualität wird nicht erreicht, da jetzt mehr Aufgaben im Nacken sitzen. Oftmals ist Burn-out mit eines der Resultate.

Verpasste Chancen als Teil des Preises.

Der Preis kann hoch sein, finanziell oder persönlich. Verpasste Chancen befinden sich plötzlich ganz oben auf der Liste: Der nicht erledigte Anruf, der zur schöneren Wohnung aus der Zeitung geführt hätte. Die Bewerbung, die nie geschrieben wurde und damit nie zu einem Bewerbungsgespräch und dem gut bezahlten Job führen wird. Die Fragen, die einer interessanten Person nicht gestellt werden und deshalb immer unbeantwortet bleiben.

Gesundheitliche Kosten als Folge der Aufschieberitis.

Gesundheitliche Probleme winken bei denen, die notwendige Untersuchungen oder Kontrollen aufschieben. Wer geht schon gern zum Zahnarzt? Wer diesen ungeliebten Termin zu lang aufschiebt, der verliert womöglich vorzeitig seine Zähne. Höchstwahrscheinlich vermeidbar, wenn der Termin beim Zahnarzt einmal ausgemacht und wahrgenommen würde.

Ein hoher Preis für Aufschieber sind finanzielle Folgen. Verpasste Deadlines im Beruf schaden dem Ansehen. Ein beschädigtes Ansehen wirkt sich sofort auf die Auftragslage aus, für Selbstständige verheerend. Für Angestellte auch! Wer dem Chef durch ständig verspätete Termine auffällt, geht bei der nächsten Beförderung leer aus. Im Privatleben machen sich finanzielle Auswirkungen schnell bemerkbar. Da ist der höhere Flugpreis bei später Buchung ebenso wichtig wie Mahnkosten wegen verspäteter Zahlung von Rechnungen. Aufschieber, die sich zu lang nicht um ihre Finanzen kümmern, geraten schnell in Schwierigkeiten.

Finanzielle Risiken und negative Folgen im Berufsleben.

Aus diesen Kosten kann eine echte Depression erwachsen. Denn wenn das Ansehen sinkt und finanzielle Schwierigkeiten hinzukommen, treibt das in die Isolation und begünstigt eine Depression. Die wiederum schwächt die Freude am Leben. Aus dem Aufschieben von Aufgaben wird eine psychische Krankheit.

Depressionen als Folge von Aufschieberitis.

Burn-out, die Krankheit der Vielbeschäftigten und Hochleistungsarbeiter, ist in vielen Fällen eine versteckte, unerkannte Depression. Die Aufschieberei wird als eine der Ursachen für Burn-out gesehen. Denn der Druck, ständig einen Berg von Arbeit vor sich herzuschieben, belastet enorm.

Aufschieberitis, ein Auslöser von Burn-out.

Burn-out wird letztlich so behandelt, wie die Anfänge der Aufschieberitis auch: Der Arbeitsalltag wird strukturiert, es werden klare Etappenziele gesetzt, bewusst Pausen eingesetzt und Multitasking ist streng verboten. Letztlich ist die Lebenszeit verloren, in der zu viele Arbeiten zu großen Bergen aufgeschoben werden. Mit dem Druck wird die Lebensqualität immer geringer. Therapien kommen noch dazu, die bei reiner Aufschieberitis selten notwendig werden. Medikamente sind oft Bestandteil bei der Behandlung von Depressionen. Noch etwas, was vermeidbar ist!

Folgen von Burn-out: verlorene Lebenszeit, Therapie.

Damit es so weit gar nicht erst kommt, lohnt sich ein offener Blick auf die möglichen Konsequenzen! Packen Sie die mit auf die To-do-Liste, wenn das den Druck zum Aufschieben nicht zusätzlich erhöht. Ein Beispiel: Wenn der jährliche Zahnarztbesuch ansteht, sollten Sie direkt hinter den Punkt ›Zahnarzt‹ auf der To-do-Liste die möglichen Kosten in Form von unerkannten Erkrankungen, weiteren Zahnarztbesuchen, fälliger Selbstbeteiligung und vermeidbaren Schmerzen mit auflisten. Jede gestrichene Aufgabe auf der Liste tilgt mindestens eine Kostenfalle.

Offener Blick auf die Konsequenzen hilft bei der Vermeidung.

Folgende Fragen und Aussagen geben mir eine erste Orientierung:

Was erwartet mich, wenn ich so weitermache wie bisher?

Welche Folgen hat die Aufschieberitis für mich?	Ja	Nein
Ich nehme beispielsweise alle empfohlenen Vorsorgeuntersuchungen wahr, auch wenn sie mir unangenehm sind.		
Ich weiß genau, welche Kosten bei einem aufgeschobenen Projekt auf mich zukommen.		
Mein Ansehen leidet, wenn ich viele Aufgaben nicht termingerecht erledige.		
Manche Folgen der Aufschieberei sind mir gar nicht bewusst.		
Drohende Folgen verunsichern mich noch zusätzlich.		

Checkliste

✐ Verpasste Chancen in der Vergangenheit betrachten: Welche Aufschieberei hat die größten Kosten mit sich gebracht?

✐ Aktuelle Punkte auf der Liste prüfen:
  ‣ Entstehende Kosten einzelner Aufgaben
  ‣ Langfristige Wirkung auf Ansehen, Konto, Kundenbeziehung prüfen

✐ Bei jedem Anflug von Aufschieberitis Folgen und Kosten visualisieren

✐ Bewusst Kosten gegen Nutzen einer Aufgabe abwägen

✐ Für jede aufgeschobene Arbeit einen spürbaren Geldbetrag in eine gesicherte Spardose stecken – das macht die Kosten sofort spürbar!

5.
Chronische Aufschieberitis

Chronische Aufschieberitis, wissenschaftlich: Prokrastination.

Es gibt sie wirklich, die chronische Art der Aufschieberitis. Ganze Internetseiten füllt dieses Thema. Sogar einen wissenschaftlichen Begriff gibt es dafür: Prokrastination. Doch Abhilfe ist möglich, indem Sie die richtige Reihenfolge für Ihre Arbeiten festlegen und dann stur daran entlanggehen. Keine Ablenkungen, kein Sich-vorher-Belohnen, kein Eben-mal-die-E-Mails-Lesen, um nur einige Aufschiebefallen zu nennen.

Stück für Stück gegen die chronische Aufschieberitis angehen.

Das kann ganz schön schwer sein, wenn es jahrelang ganz anders gehandhabt wurde. Rückfälle kommen vor, die Regel dürfen sie aber nicht werden. Jeder Morgen ist eine erneute Prüfung, sich an die neuen Regeln zu halten. Bei der Sache bleiben, sich auf eine einzige Aufgabe konzentrieren und Stück für Stück abarbeiten.

Bloß nicht chronisch werden lassen!

Die Aufschieberitis darf nicht chronisch werden! Wer die Folgen des Aufschiebens in handfesten Zahlen und Fakten vor Augen hat, der schiebt viel weniger auf.

Ablenkungen bleiben draußen.

Ablenkungen müssen auch draußen bleiben. Manch einer hat sich deshalb selbst feste Internetsperren installiert, die sich nur schwer umgehen lassen. So bleiben E-Mails, Facebook und Co. zu definierten Arbeitszeiten draußen. Die Konzentration bleibt bei der Sache. Wer zu Hause arbeitet, sollte sich ab und an einen Arbeitsplatz außerhalb der eigenen vier Wände suchen. Dann sind auch die häuslichen Arbeiten aus dem Blickfeld verschwunden und lenken nicht von den eigentlichen Aufgaben ab.

Die Belohnung nach dem Wegstreichen eines Punktes auf der To-do-Liste ist unglaublich süß. Erst arbeiten und eine Aufgabe bewältigen, dann belohnen. Die Vorgehensweise konsequent verfolgen, das lässt sie zur Routine werden, bis die To-do-Liste gar nicht mehr notwendig ist und die meisten Aufgaben planmäßig erledigt werden.

Chronische Aufschieber brauchen positive Anreize.

Eine weitere Hilfe besteht darin, dass Sie sich einer Person Ihres Vertrauens öffnen. Berichten Sie über die Schwierigkeiten. Oft weiß Ihr Gegenüber Rat aus eigener Erfahrung. Und das bloße Darüberreden hilft schon weiter und schenkt neue Kraft und Motivation.

Reden Sie mit jemandem darüber!

Persönlich, am Telefon oder im Internet, die Möglichkeiten zum Austauschen sind groß. Solange das Sich-Öffnen noch schwerfällt, kann ein Tagebuch helfen. Ohne Selbstmitleid, das zieht wieder runter und verschlingt die Motivation. Rein objektiv als Orientierungshilfe: Wo stehe ich jetzt und warum schiebe ich gerade auf?

Verschiedene Kommunikationswege für Gespräche.

Zielgerichteter sind Briefe an eine bestimmte Person. Klingt altmodisch? Sicher! Die Adressierung hilft aber fast genauso gut wie ein persönliches Gespräch. Alles ist legitim, solange nur der Kreislauf der Auf-

Wenn niemand da ist zum Reden, hilft ein klassischer Brief.

schieberitis unterbrochen wird und die chronische Entwicklung stoppt.

Hilfe von Fachpersonal erforderlich!

Hilfe ist an diesem Punkt wichtig. Eine chronische Erkrankung wird immer von Fachpersonal begleitet – warum nicht auch die Prokrastination? Dafür gibt es inzwischen Coaches, Therapeuten, klinisches Fachpersonal und ein immer größer werdendes öffentliches Interesse. Wie schon gesagt: Sie sind damit nicht allein. Aus einigen Aufschiebern werden Prokrastinierer. Die Unterscheidung ist einfach: Wenn gar keine Aufgabe mehr pünktlich und sofort erledigt werden kann, der Berg Sie zu verschlingen droht und Sie selbst ein chronisch schlechtes Gewissen haben, dann ist die Aufschieberei zur chronischen Aufschieberitis geworden. Dann wird die Hilfe von Fachleuten benötigt.

Ideal: Aufschieberitis gar nicht erst chronisch werden lassen.

Noch besser: Die Aufschieberei gar nicht erst chronisch werden lassen. Deshalb ja auch diese 22 Tipps, die wieder Struktur und Planbarkeit in den Alltag bringen.

Folgende Fragen und Aussagen geben mir eine erste Orientierung:

Ist aus meiner gelegentlichen Aufschieberei schon etwas Chronisches geworden?

Chronisch oder nicht – so steht es um meine Aufschieberitis	Ja	Nein
Mein schlechtes Gewissen wegen unerledigter Aufgaben belastet mich Tag und Nacht.		
Ich kann mich nicht daran erinnern, wann ich zuletzt eine Aufgabe sofort bearbeitet habe.		
Ab und an genieße ich das Aufschieben und bleibe entspannt dabei.		
Ich verliere langsam das Gefühl dafür, welche Aufgaben wirklich warten können.		
Ohne jemanden, der mich antreibt, bin ich orientierungslos.		

Checkliste

- Gefühl beim Aufschieben beobachten: Wird der Druck unerträglich, sofort reagieren
- Hilfe bei erfahrenem Fachpersonal suchen: Coach, Therapeut oder Berater
- Hilfen annehmen, um der chronischen Aufschieberitis zu entgehen
- Kosten, Folgen und Verluste einer chronischen Aufschieberitis klarmachen
- Struktur in die Arbeitsorganisation bringen und Aufschieben vermeiden, wo es nur geht
- Arbeitsprozesse verinnerlichen, die sofortige Terminierung und Erledigung vorsehen

6.
Die Frage nach dem Warum

Mögliche Gründe für das Aufschieben.

Warum schieben Sie gewisse Sachen auf, andere aber nicht? Der Grund des Aufschiebens kann darin liegen, dass Sie momentan zu müde sind. Vom Zeitpunkt der Planung bis zum Zeitpunkt der Umsetzung vergehen manchmal Tage – just an diesem Tag ist man gereizt, hat schlecht geschlafen. Schon am nächsten Tag könnte der Schlaf aufgeholt und die Laune wieder besser sein. Dann geht es ans Werk, hoffentlich. Aber was, wenn nicht?

Mangelnder Glaube an den Erfolg.

Oder der Glaube an den Erfolg verlässt uns. ›Das war damals so – das wird auch heute wieder so sein.‹ Pessimismus behindert, blockiert und lähmt. Außerdem: Der Glaube versetzt Berge. Glauben Sie fest daran, zu scheitern? Dann wird das wohl so passieren. Besser, Sie glauben fest an Ihren Erfolg!

Lieblingsaufgaben werden vorgezogen.

Oder etwas anderes ist gerade reizvoller, es wird vorgezogen und erledigt. Diese Lieblingsaufgaben sind knifflig, denn sie gaukeln erfolgreiches, effektives Arbeiten vor. Tatsächlich arbeiten Sie so nach dem Zufallsprinzip. Was eigentlich wichtig oder dringend ist, wird nur manchmal pünktlich bearbeitet. Dringende, wichtige und langweilige Aufgaben dagegen rutschen eher ganz nach unten auf der Prioritätenliste.

Warum schiebe ich gerade auf?

Was bleibt, ist ein schlechtes Gewissen. Als hilfreich hat sich eine ehrliche Analyse erwiesen. Beobachten

Sie sich und geben Sie sich Antworten auf die Situationen, in denen Sie geschoben haben:

- Was ist der Grund, warum ich diese Aufgabe jetzt nicht in Angriff nehme?
- Was bringt es im Endeffekt, diese Aufgabe jetzt nicht zu tun?
- Was fühle ich im Moment?
- Wie oft habe ich die Aufgabe schon vor mir hergeschoben?
- Kann ich meine Einstellung zu der Tätigkeit jetzt ändern?
- Könnte ich mich dazu entschließen, zumindest einmal 15 Minuten an dieser Aufgabe zu arbeiten?

Schon 15 Minuten an einer Aufgabe zu arbeiten, soll vor Aufschieberitis schützen? Dem Problem der Aufschieberitis widmet sich eine ganze Community, die sich der Hauswirtschaft verschrieben hat. Es gibt Putznewsletter, Wochenpläne und ein ganz simples System: Jeden Tag wird jedes normal genutzte Zimmer 5 Minuten lang aufgeräumt. Inklusive Eieruhr und dem Wissen, dass der Anfang damit gemacht ist. Bad und Küche bekommen 10 Minuten, weil die besonders oft genutzt werden. Bei einer normalen Wohnung mit Schlaf-, Wohnzimmer, Küche und Bad macht das gerade 30 Minuten am Tag. Für ein grundordentliches Leben. Im Turnus werden alle Räume gründlicher geputzt, in gerade einmal 30 Minuten. Wenig Zeit, viel Ergebnis. Die Grundordnung bleibt erhalten, das Putzen geht schnell und ist überschaubar. Das funktioniert auch für andere Arbeiten!

15 Minuten pro Aufgabe.

15 Minuten lang Unkraut jäten, 15 Minuten lang an der Präsentation basteln, 15 Minuten lang das Layout vom Flyer bearbeiten. Kleine Schritte, die die Arbeit überschaubar machen. Dafür braucht es allerdings Routine. Deswegen bekommen die Mitglieder der Putzcommunity auch einen täglichen Putzplan per E-Mail zugeschickt. Auch wenn es jede Woche das Gleiche ist, die Erinnerung kommt trotzdem. Jeden Tag.

Situationen für plangerechtes Arbeiten beobachten ...

Beobachten und analysieren Sie aber auch, in welchen Situationen Sie es kaum erwarten konnten, eine Tätigkeit in Angriff zu nehmen. Was waren die Auslöser? Wie haben Sie sich gefühlt?

... und konservieren.

Bewahren Sie sich dieses tolle Gefühl. Konservieren Sie es und holen Sie es immer wieder hervor, wenn sich die Aufgaben um Sie herum türmen. Entspannungstechniken arbeiten mit Affirmationen, arbeiten Sie mit der positiven Vorstellung eines pünktlich absolvierten Auftrags.

Folgende Fragen und Aussagen geben mir eine erste Orientierung:

Welche Ursachen stecken hinter meiner Aufschieberei?

Warum schiebe ich auf?	Ja	Nein
Ich will eine Aufgabe perfekt absolvieren, stoße aber an meine Grenzen damit.		
Ohne Druck von außen kann ich mich zu nichts aufraffen.		
Ständig kommen scheinbar wichtigere Aufgaben in meine Planung.		
Jede Ablenkung ist mir willkommen.		
Ich sehe den Sinn hinter vielen Aufgaben nicht.		

Checkliste

- ☞ Ursache für die Aufschieberitis herausfinden
- ☞ Perfektionisten lösen sich vom Perfektionsdrang
- ☞ Aufschieber aus Überforderung halten sich strikt an die Liste und arbeiten Punkt für Punkt ab
- ☞ Situationen, in denen Sie aufschieben möchten, analysieren
- ☞ Vor der Aufschieberei die Gründe dafür genau betrachten und
- ☞ Kosten und Nutzen abwägen

7.
Morgen, morgen, nur nicht heute …

Was andere als Gründe angeben …

… sagen alle faulen Leute. So der Volksmund. Zwei Psychologie-Studentinnen aus dem Münsterland hatten es sich zur Aufgabe gemacht, in ihrer Diplomarbeit die Aufschieberitis näher unter die Lupe zu nehmen. Hier einige Antworten aus einem Online-Tagebuch verschiedener Internet-Nutzer auf die Frage, wie sie das Aufschieben erlebt haben:

Zu viele Dinge gleichzeitig mit zu viel Einmischung von außen.

- ›Gleichmäßig zu viele Dinge erledigen wollen, dann kommt plötzlich Planung von außen und schmeißt deine eigene Planung komplett über den Haufen, alles wird zu viel.‹

Arbeitsüberlastung und Abgestumpftheit.

- ›Wenn du nach mehreren 70-Stunden-Wochen bei Vorbereitungen für eine Messe immer noch Kundenwünsche erledigen musst – irgendwann geht es halt nicht mehr. Dann möchte ich nicht mehr, ich bin ausgelaugt und meine Motivation ist am Nullpunkt. Irgendwann ist mir egal, wie manches Projekt Fortschritte macht.‹

Auf den letzten Drücker.

- ›Ich war früher immer der Meinung, nur mit dem letzten Drücker fahre ich zu Höchstleistungen auf und bringe beste Ergebnisse. Spätestens bei meinem Diplom wurde mir klar, dass das nicht mehr so läuft. Habe dann einen Plan gemacht, wie ich in den kommenden Monaten lerne und schreibe. Da war alles drin: Feste Zeiten fürs Aufstehen, Essen,

Schlafen. Es hat geklappt. Aber ich musste eisern durch.‹

Diese Erfahrungsberichte sind nur die Spitze des Eisbergs. Da gibt es noch viel mehr, das als Auslöser von Aufschieberitis herhalten muss. Viel mehr, das Sie direkt angehen können. Wichtig: Sich vorher die Mechanismen bewusst machen.

Die Spitze des Eisbergs.

Folgende Fragen und Aussagen geben mir eine erste Orientierung:

Welche Gründe waren bislang ausschlaggebend für meine verspätete Bearbeitung von Aufgaben?

Bisherige Begründungen fürs Aufschieben	Ja	Nein
Ständig kommen mir andere Aufgaben in die Planung.		
So richtig gut werde ich erst kurz vor Fristende.		
Heute habe ich spannendere Aufgaben auf dem Schirm.		
Es macht ja nichts, wenn ich erst mal ein bisschen aufschiebe.		
Ich arbeite so viel, da bleibt eben etwas liegen.		

Checkliste

- Erkenntnis: Morgen ist nicht genauso gut wie heute
- Bisherige Ausreden für das Aufschieben gelten nicht mehr
- Die Liste mit den Aufgaben wird strikt abgearbeitet
- Erkenntnis: Jedes Aufschieben birgt Kosten und Risiken

8.
Verschaffen Sie sich einen Überblick

›Und wie bitte soll ich das bei den vielen offenen Punkten schaffen?‹ Wenn Ihre Fragestellung so oder ähnlich lautet, dann ist es dringend an der Zeit, dass Sie einmal ›STOP!‹ rufen und anhalten. Dann ist es Zeit, alle aufgelaufenen, unerledigten und geplanten Vorgänge zu notieren. Dadurch kommen Sie aus der Maulwurfsperspektive in die Vogelperspektive und bekommen einen Überblick über alles.

STOP! Einmal alles aufschreiben bitte.

Und Überblick meint wirklich: alles. Jede kleine vor sich hergeschobene Aufgabe. Vom Aufräumen bis zur Buchhaltung, von der Ablage bis zum Korrekturgang. Am besten wird erst auf einer Liste wahllos gesammelt, was alles offen ist und erledigt werden will. Die Hilfsmittel, die hierfür vollkommen ausreichen, sind: ein Zettel und ein Stift, genügend Zeit und keine Ausreden, dass dieses oder jenes sowieso in nächster Zeit erledigt werden würde und deshalb auf keine Liste müsste.

Alle offenen Punkte gehören auf die Liste.

Ist die Liste fertig, dann braucht es Prioritäten. Aufgaben, die miteinander in Beziehungen stehen, am besten auch zusammen priorisieren, soweit es eben geht. Prioritäten setzen ist schwer? Ja, natürlich. Wäre es leicht für Sie, hätten Sie den Überblick gar nicht verloren. Also fangen Sie beim ersten Punkt an. Dann arbeiten Sie sich vor, ganz langsam. Stück für Stück. Für den Überblick eignen sich verschiedene Methoden.

Prioritäten setzen.

Überblick in
Listenform:
simpel und
einfach.

Die Listenform ist am gängigsten. Für eine Gesamtliste werden die wichtigen Aufgaben, alternativ auch die am längsten aufgeschobenen, an den Anfang gesetzt. Wer weiter sortieren möchte, erstellt mehrere Listen: für sofort, noch in dieser Woche, in diesem Monat. Für die weitere Arbeitsorganisation ist hilfreich: Immer erst einen Punkt beginnen, wenn ein anderer abgeschlossen, also durchgestrichen ist. Je mehr Aufgaben durchgestrichenen sind, desto mehr Motivation bleibt für die übrigen. Wer kein Papier mag: Es gibt sowohl Projektsoftware als auch simple Kalender- und Aufgabenplaner in jeder gängigen Mail-Software, die sich dafür einspannen lassen.

Überblick visuell:
Mindmaps für
Verknüpfungen
und Zusammen-
hänge.

Visuell ansprechender sind bildhafte Darstellungen. Mindmaps eignen sich dafür, Verknüpfungen zwischen verschiedenen Aufgaben darzustellen. Wieder das Beispiel mit der Steuererklärung: Da müssen vielleicht noch Dokumente von der Versicherung eingeholt, die Kontoauszüge zusammengeheftet und Rechnungen vorbereitet werden, bevor alles zum Steuerberater geht. Kleine konkrete Arbeitsschritte lassen sich schneller abarbeiten. Schließlich lässt sich die Aufgabe ›Kontoauszüge zusammenheften‹ viel leichter angehen als die etwas diffuse Angabe ›Unterlagen für den Steuerberater zusammenstellen‹.

Überblick durch
Zeitmessung!

Wenn eine Aufgabe abschätzbar ist: Notieren Sie den Zeitrahmen dazu. Wie lang brauchen Sie im Schnitt, um beispielsweise eine E-Mail zu verfassen? Aufgaben lassen sich viel leichter terminieren, wenn der Umfang schon bekannt ist. Die Hürde, mit der E-Mail anzufangen, ist schon viel kleiner, wenn der Zeitaufwand eigentlich nur 10 Minuten beträgt. Schreiben Sie den Zeitrahmen zu den Angaben in den Listen und Mindmaps dazu.

Zum Überblick verschaffen gehört auch: Sich räumlich einen Überblick zu verschaffen. Im Lauf der Zeit sammeln sich in vielen Büros Papierstapel an, die zusätzlich bremsen und behindern. Jeder dieser Stapel verhindert die freie Sicht auf die Aufgaben. Von daher: aus dem Weg schaffen. Manchmal genügt schon eine erste oberflächliche Sortierung, um zu sehen: Das brauche ich alles nicht mehr. Dann weg damit. Was bleiben muss, bekommt einen festen Platz zugewiesen, der am besten verschlossen werden kann.

Überblick auch am Arbeitsplatz: Büro und Schreibtisch sortieren.

Fremde Augen sehen mehr, das gilt auch für Aufschieber und ihre unerledigten Projekte. In einer Bürogemeinschaft sich gegenseitig zu unterstützen, ist schnell abgesprochen und umgesetzt: Jeder geht mit unbeleckten Augen an den Schreibtisch des anderen. Projektpläne und Etappenziele lassen sich zusammen mit einem Partner leichter festlegen. Dazu kommt der Druck, dass jemand anderes von den gesteckten Terminen weiß.

Mit Freunden / Kollegen gemeinsam den Überblick erarbeiten.

Das E-Mail-Postfach verdient auch einen kritischen Blick. Viele unbeantwortete, ungelesene E-Mails sind ein Zeichen für orientierungsloses Arbeiten. Tummeln sich im Posteingang mehrere einhundert E-Mails unbearbeitet, wird es auch hier höchste Zeit für Struktur! Das fängt mit passenden Filtern an, die die einzelnen

Überblick im E-Mail-Postfach nicht vergessen!

E-Mails in Absender oder Projekte sortieren. Das geht automatisch und kostet nur die wenigen Minuten der Einrichtung. Dann können die einzelnen E-Mails abgearbeitet werden. Dringende und wichtige E-Mails werden markiert und möglichst zügig bearbeitet.

Feste Zeiträume für Wiederholungen definieren.

Sich einen Überblick verschaffen, das geht immer wieder mal. Zum Beispiel einmal im Monat, als fester Bestandteil des Arbeitsplans.

Folgende Fragen und Aussagen geben mir eine erste Orientierung:

Habe ich den Überblick verloren?

Überblick vorhanden?	Ja	Nein
Ich weiß genau, wie viele Projekte / Aufgaben / Arbeiten momentan unerledigt auf Bearbeitung warten.		
Irgendwo gibt es eine Liste, auf der ich alles notiert habe …		
Ich picke mir meine täglichen Aufgaben aus dem Sammelsurium auf dem Schreibtisch oder aus dem E-Mail-Account heraus.		
Kollegen / Freunde staunen, dass ich in einem Chaos im Büro / Wohnung wichtige Dinge wiederfinde.		
Die Ungewissheit bedrückt mich, welche Projekte / Aufgaben ich vergessen haben könnte.		

Checkliste

- Alle offenen Aufgaben sammeln
- Alle Arbeitsplätze durchforsten: Schreibtisch, Computer, E-Mail-Fächer …
- Ungeordnet alle anstehenden Aufgaben notieren
- Soweit möglich, Zeitrahmen für die Bearbeitung festsetzen
- Prioritäten festlegen: Was ist dringend, was ist wichtig, was kann auf der Liste nach hinten rutschen?

9.
Step by step — das Wunder der kleinen Schritte

Schritt für
Schritt die Liste
abarbeiten.

Fangen Sie neu an. Gewichten Sie alle notierten Aufgaben neu. Dann legen Sie den zeitlichen Umfang fest. So wie Sie diese Liste step by step neu ordnen – genauso beginnen Sie, die Liste abzuarbeiten. Schritt für Schritt, Punkt für Punkt. Die erste Aufgabe wird erledigt, dann erst folgt die nächste. Verschiedene Aufgaben gleichzeitig zu erledigen, ist hier ab sofort untersagt.

Kleine Schritte
sind leichter,
versprochen.

Die Kunst an diesem Tipp ist: Schritt für Schritt und Punkt für Punkt zu arbeiten. Liest sich leicht, kann aber schwerfallen. Warum sind kleine Schritte leichter?

Beispiel: Lieber
viele kleine Gläser
als einen großen
Krug.

Ein Beispiel: Für eine Untersuchung sollen Sie drei Liter Flüssigkeit trinken, in einem begrenzten Zeitraum. Drei Liter, das klingt ziemlich viel. Alles mit einem Mal trinken – unmöglich. Da wehrt sich der Kopf, der Magen krampft, der Körper blockiert. Wie wäre es mit einem kleinen Glas? Einschenken, trinken, kurz warten und dann weitermachen. Glas für Glas und Schluck für Schluck wird die Menge an Flüssigkeit weniger. Dann ist das Ziel erreicht, alles ist getrunken. Jede Aufgabe lässt sich in kleinen Schritten umsetzen. Viel zitiert ist der Sinnspruch: ›Wie isst man einen Elefanten? – Stück für Stück.‹ Genauso ist es auch: Jede Aufgabe wird Stück für Stück und Etappe für Etappe gelöst.

Deshalb die To-do-Liste, vielleicht auch eine Mindmap oder ein großes Poster an der Wand im Arbeitszimmer: So behalten Sie den Überblick über die große Aufgabe, das eigentliche Ziel. Auf dem Schreibtisch liegt dann die Liste der kleinen Schritte, der kleinen Aufgaben. Am besten mit der Überschrift: ›Nur eine Aufgabe nach der anderen‹. Streichen Sie jedes Etappenziel durch. Kurz durchatmen an dieser Stelle und die Freude genießen, eine Aufgabe bewältigt zu haben – fristgerecht.

Eine Aufgabe bearbeiten, streichen, dann erst zur nächsten.

Zurück zur Psychologie der kleinen Schritte: Berge schrecken ab. Jeder Bergsteiger beginnt mit dem ersten Schritt, mit dem ersten Klettertritt, um auch den höchsten Berg zu bezwingen. Zu kleine Schritte lassen allerdings die Aufgabe noch größer wirken. Deshalb: Nur sinnvolle Etappen definieren!

Sinnvolle Schritteinheiten definieren.

Noch ein Beispiel dazu: Jeden Tag eine Stunde Sport treiben, tut Ihnen gut, sagt der Arzt. Aus der einfachen Abfolge ›anziehen, rausgehen, laufen‹ eine lange Liste an Tätigkeiten zu machen wie ›Sportsachen anziehen, Schuhe binden, Schlüssel und Trinkflasche einpacken, Haustür aufsperren, zusperren und Haus verlassen‹, ist eher kontraproduktiv. Verzetteln Sie sich nicht in zu kleinen Schritten!

Vorsicht vor dem Verzetteln!

Multitasking ist auch verboten. Ab sofort wird immer nur ein Punkt auf der Liste angefangen. Der folgende Punkt wird erst dann in Angriff genommen, wenn der davor durchgestrichen ist. Das erfordert Konzentration und etwas Übung. Es mag üblich sein, mal eben noch das eine oder andere mitzumachen. Das ist aber

Multitasking ist verboten!

die Falle: Denn ungeliebte Aufgaben werden nie einfach mal eben mitgemacht. Sondern aufgeschoben, und das soll ja aufhören!

Besser Schritt für Schritt ans Ziel kommen. In der Forschung wurde bereits untersucht und bestätigt: Wir sind besser, wenn wir nur eine wichtige Sache angehen. Zu viele Aufgaben gleichzeitig im Kopf bremsen uns aus, reduzieren Kreativität und Aufmerksamkeit. Wer kein Aufschieber ist, für den ist das zeitweise schon ok. Nicht aber, wenn Sie gerne aufschieben. Dann heißt es: Eins nach dem anderen. Ein Schritt nach dem anderen.

Folgende Fragen und Aussagen geben mir eine erste Orientierung:

Habe ich das rechte Maß für meine Arbeitsschritte schon gefunden?

Sind meine Schritte zu groß?	Ja	Nein
Ich weiß gar nicht so recht, bei welchem Punkt auf der Liste ich ansetzen soll.		
Jede einzelne Aufgabe türmt sich zu einem Berg auf, der sich nicht besteigen lässt.		
Zu viele Aufgaben gleichzeitig blockieren mich.		
Bei einer Aufgabe komme ich schnell ins Stolpern.		
Ich verliere schnell den Überblick über den Stand der Bearbeitung einer Aufgabe.		

Checkliste

- Jeder Punkt auf der Liste bekommt eine Priorität zugewiesen und einen zeitlichen Rahmen
- Es gibt kein Multitasking mehr
- Erst wenn eine Aufgabe durchgestrichen ist auf der Liste, wird die nächste absolviert
- Größere Arbeiten werden in kleinere Schritte zerlegt
- Die kleinen Schritte werden ebenfalls einzeln abgearbeitet
- Die Liste wird von oben nach unten abgearbeitet
- Etappenziele werden gebührend gefeiert

10.
Management by Coaching

Begleitung bei der Schaffung von Strukturen.

Einer meiner Bekannten leidet unter chronischem Aufschieben. Ein Problembereich ist die Ordnung in seinem Arbeitszimmer. Drei ganze Samstage coachte ich ihn, einen kleinen Tick Ordnung in seine Arbeitsabläufe zu bekommen. Dazu zählten zunächst zwei komplette Tage aufräumen. Elf blaue Müllsäcke landeten auf dem Abfall. Dann begannen wir systematisch, seine bisherige Organisation zu durchleuchten und neue Strukturen einzuüben. Bei jedem Zettel musste sich mein Bekannter den Fragen stellen: ›Aufheben oder wegschmeißen? Wenn aufheben, warum?‹ So viele Entscheidungen traf er da an den Samstagen, die er wochen- und monatelang vor sich hergeschoben hatte. Das gab einen riesen Schlag, als sein Arbeitszimmer begehbar war. Der Erfolg war für ihn direkt und greifbar.

Coaching direkt vor Ort.

Coaching vor Ort ist wahrscheinlich am effektivsten, so wie bei meinem Bekannten. Coach und Aufschieber arbeiten direkt vor Ort an den Problemen, da gibt es kein Ausweichen. Die Situation am Arbeitsplatz liegt offen vor einem, der Coach kann direkt auf jede Kleinigkeit eingehen. Oder auch tatkräftig mit anpacken und, wie im Fall meines Bekannten, einen Müllsack nach dem anderen nehmen und nach draußen befördern.

Therapiestunden per Skype-Sitzung.

Viele Therapeuten bieten auch Einzel- und Gruppensitzungen an, auch Beratungen per Telefon oder Skype sind üblich. Die bequemste Lösung ist womöglich die morgendliche Skype-Sitzung. Bequem muss aber nicht gleich hilfreich sein. Überlegen Sie mal: Wäre jemand, der vor Ort mit Ihnen zusammenarbeitet, unbequem, aber hilfreicher?

Management by Coaching kann bei der Bekämpfung von Aufschieberitis behilflich sein, es hat aber auch seinen Preis. Die wenigsten gesetzlichen Krankenkassen bezahlen einen ausgebildeten Therapeuten. Private Krankenkassen leisten schon eher Zuschüsse. Da hilft im Vorfeld ein kurzes Gespräch mit dem zuständigen Sachbearbeiter.

Coaching hat seinen Preis.

Ansonsten bleibt noch die Möglichkeit, Coachings von der Steuer abzusetzen und so zumindest einen Teil der Kosten erstattet zu bekommen. So mancher zertifizierte Gründungscoach kennt sich mit Sicherheit auch mit Aufschieberitis aus. Wer gerade in der Gründungsphase seines Unternehmens steckt, kann hier womöglich auch Förderung für ein umfassendes Coaching in Anspruch nehmen.

Coaching speziell für Gründer.

Gründer geraten schnell in die Aufschieberitisfalle. So viel ist zu erledigen, bis das Unternehmen gut läuft. So viel Arbeit wartet – und das nur auf mich! Unternehmer arbeiten oft zu viel und kennen kein Wochenende. Das wirkt sich auf die Gesundheit aus, wie ich am eigenen Leib erfahren musste. Das Gefühl, unter einem Berg von Arbeit, Terminen und Erwartungen begraben zu werden, war furchterregend. Es lähmte und verhinderte produktive, echte Arbeit.

Aufschieberitisfalle für Gründer.

Da half nur eins: Der Kontakt mit Leuten vom Fach. Meine Reserven waren erschöpft, das Haushalten mit meiner Kraft musste ich ganz neu lernen. Etwas, was viele Aufschieber lernen müssen. Denn eine terminierte Aufgabe einfach so erledigen, das kostet viel weniger Kraft als das Aufschieben, das schlechte Gewissen und die viel zu späte Bearbeitung.

So ein Gefühl der Machtlosigkeit wünscht sich niemand. Deswegen wird Aufschieberitis auch schnell zu einer Abwärtsspirale aus Scham und Einsamkeit, die immer weiter nach unten zieht. Der Austausch mit anderen Gründern ist in so einer Situation wichtig. Genauso wie der Rückhalt aus der Familie. Die muss anfangs viel zurückstecken, wenn alle Energie ins Unternehmen fließt. Aber: Bei effizienter Arbeitsweise bleibt das nicht so. Denn wer seine Aufgaben nach Plan erledigt, hat irgendwann zwischendurch auch frei. Sowohl im Terminplaner als auch im Kopf.

Wo finden sich gute Coaches? Das Internet liefert natürlich eine Fülle an möglichen Kandidaten. Psychotherapeuten, Psychologen und entsprechende Beratungsstellen in Kliniken und Universitäten vermitteln ebenfalls Kontaktadressen. Nachfragen kostet in der Regel nichts. Die meisten Therapeuten und Coaches haben sogar umfangreiche Informationen online hinterlegt.

Folgende Fragen und Aussagen geben mir eine erste Orientierung:

Könnte ein Coach mir helfen, in der Problematik klarer zu sehen?

Brauche ich einen Coach?	Ja	Nein
Unter Anleitung fällt es mir leichter, Dinge zu verändern.		
Jemand muss mit anpacken, um mich zu motivieren.		
Es genügt schon, jemanden zu kennen, der mir zuhört und mich versteht.		
Ich beiße mich lieber selbst durch ein Problem, auch wenn es etwas länger dauert.		
Mir hilft nur jemand, der selbst ein Aufschieber war, wirklich weiter.		

Checkliste

🖋 Geeigneten Coach finden:
  ▸ Internetsuche
  ▸ Empfehlung von Bekannten / Freunden
  ▸ Anfrage in Coaching- und Therapeutenverbänden
🖋 Termin vereinbaren
🖋 Klären, was genau erreicht werden soll
🖋 Ziele in einem oder mehreren Gesprächen angehen
🖋 Zwischenziele mit dem Coach festlegen
🖋 Im Coaching Feedback geben, ob die Vorgehensweise passt, motiviert, animiert
🖋 Nacharbeit: Wurden alle Ziele erreicht? Falls nicht, dann:
🖋 Coach anrufen und Nachfolgetermin vereinbaren

11.
Dringend und wichtig

Priorisieren von
Aufgaben.

Unterscheiden Sie bei Ihren Arbeiten zwischen den dringenden und den wichtigen. Nach diesen beiden Grundprinzipien hat schon Eisenhower gearbeitet – nach ihm ist diese Methode der Priorisierung auch benannt. Was für den eisenharten Präsidenten richtig war, kann für uns nur recht und billig sein.

Die Eisenhower-
Methode.

Eine schnelle Übersicht: So schaut bei den meisten Menschen die allgemeine Priorisierung nach Eisenhower aus:

	Dringend	Nicht dringend
Wichtig	Fristen	Planung & Organisation
	Probleme & Krisen	Erholung
	Finanzsachen	PR & Netzwerke
Nicht wichtig	E-Mails & Anrufe permanent checken	Aufräumen & Putzen
	Teilnahme an den meisten Arbeitsbesprechungen	Planloses Surfen im Internet
	Ablage besorgen	Büropflanzen

Was aber bedeutet ›dringend‹ und ›wichtig‹? Das Dringende bezieht sich immer auf die zeitliche Komponente. Dringende Aufgaben haben einen Termin. Wenn Sie eine dringende Aufgabe terminlich korrekt erledigen, entsteht ein Nutzen. Einige dringende Aufgaben sind durchaus delegierbar.

Dringende Aufgaben bringen einen Nutzen mit sich.

Der Nutzen steht oft gleichbedeutend mit Geld und der Vermeidung von Verlusten. Es geht auch darum, das Gesicht gegenüber anderen zu wahren. Dringende Aufgaben, die langfristig nicht wichtig sind, gehören oft zum regulären Tagesgeschäft. Das bedeutet: Sie müssen bearbeitet werden, aber nicht zwangsläufig sofort.

Das laufende Arbeitsgeschäft ist oft dringend, aber nicht zwangsläufig wichtig.

Bei den wichtigen Aufgaben geht es ums Inhaltliche. Wichtige Aufgaben bringen Sie oder andere weiter. Wenn Sie eine wichtige Aufgabe erledigt haben, ergibt sich ein Vorteil. Ein pünktlich erledigter Auftrag lässt Sie bei ihrem Kunden gut dastehen, Folgeaufträge winken. Jede erledigte wichtige Aufgabe verkürzt die Aufgabenliste.

Wichtige Aufgaben verschaffen Ihnen einen Vorteil.

Wichtige Aufgaben lassen sich kaum delegieren und sollten so wenig wie möglich verschoben werden. Diese Aufgaben gehören ganz nach oben auf Ihrer Prioritätenliste. Und: Was nicht sofort erledigt werden kann, verdient einen konkreten Termin. Der darf auch nicht verschoben werden, sonst stapeln sich bald die wichtigen und dringenden Aufgaben. Das soll ja gerade umgangen werden.

Wichtige Aufgaben möglichst sofort erledigen.

Die Reihenfolge für die Erledigung der Aufgaben ist die folgende:

Reihenfolge der Prioritäten.

1. Dringende und wichtige Aufgaben
2. Dringende und nicht wichtige Aufgaben
3. Wichtige und nicht dringende Aufgaben
4. Nicht wichtige und nicht dringende Aufgaben

Rangfolgen können wechseln.

Eine Aufgabe kann durchaus die Priorität wechseln. Die beliebte Steuererklärung kann von wichtig und nicht dringend zu wichtig und dringend wechseln, wenn das Finanzamt keinen Aufschub für die Abgabe zulässt.

Punkt für Punkt abarbeiten.

Die Regel ist aber: Die einzelnen Aufgaben einmal nach der Eisenhower-Methode sortieren und dann wieder Punkt für Punkt abarbeiten.

Folgende Fragen und Aussagen geben mir eine erste Orientierung:

Wo stehe ich momentan mit meinen anstehenden Aufgaben?

Dringend oder wichtig	Ja	Nein
Die Unterscheidung, was wichtig und was dringend ist, fällt mir noch schwer.		
Ich erkenne dringende und wichtige Sachen schon, schiebe aber trotzdem auf.		
Manche wichtige Sachen werden durch spannendere unwichtige Sachen verdrängt.		
Ohne eine genaue Priorisierung wird keine Aufgabe termingerecht erledigt.		
Sind die Prioritäten klar, komme ich zügig voran.		

Füllen Sie die Tabelle aus, das rückt einige Aufgaben zusätzlich in ein rechtes Licht. Nehmen Sie sich ein Blatt Papier und weiten Sie die Tabellenfelder soweit aus, dass alles seinen Platz findet.

	Dringend	Nicht dringend
Wichtig		
Nicht wichtig		

Checkliste

- ✍ Alle offenen Aufgaben priorisieren:
  - ▸ Wichtig
  - ▸ Dringend
  - ▸ Nicht wichtig
  - ▸ Nicht dringend
- ✍ Aufgaben von oben nach unten in der einzelnen Priorität abarbeiten, Stück für Stück
- ✍ Zur Motivation: Immer den entstehenden Vorteil/ Nutzen vor Augen haben!
- ✍ Erledigte Aufgaben abstreichen und die nächste Aufgabe nachrücken lassen
- ✍ Zwischendurch überprüfen: Sind Wanderaufgaben dabei, die ihre Priorität geändert haben?
- ✍ Nein zu allen Personen sagen, die unwichtige Aufgaben dazwischenschieben möchten
- ✍ Unangenehme Aufgaben, die an der Reihe sind, trotzdem erledigen

12.
Ihr Zielfoto

Die jährliche Steuererklärung ist ein beliebtes Objekt der Aufschieberitis. Unterschiedlichste Gefühle kommen in Menschen hoch, wenn sie an Steuern und Finanzamt denken.

Beliebter Gegenstand der Aufschieberitis: Die Steuererklärung.

Und gerade hier ist es wichtig, ein Zielfoto zu erstellen. Ein Zielfoto? Was soll das sein? – Ein Zielfoto ist ein visualisierter Endzustand. Eine positive Affirmation ist die wörtliche Entsprechung, eine Art Mantra, das perfekt zum Zielfoto passt. Etwa wie: ›Eine fertige Steuererklärung löscht einen Punkt auf meiner Liste und bringt mir viel Geld für einen schönen Urlaub ein.‹

Das Zielfoto als Mittel zum Zweck.

Und bei der Steuererklärung male ich mir folgendes Bild aus: Ich sehe mich in den letzten Jahren, wie es immer zu einer Steuererstattung kam. Und was haben wir dann schönes mit dem Geld getan! Entweder haben wir es gespendet, sind in den Urlaub gefahren oder haben es als Altersvorsorge angelegt. Mit dem Zielfoto war ein schönes Gefühl verbunden. Und das motivierte, die unliebsame Aufgabe in Angriff zu nehmen und zum Abschluss zu bringen.

Das passende Zielfoto für die Steuererklärung.

Sind Sie ein visuell veranlagter Typ? Dann hilft eine kleine künstlerische Übung. Führte die Steuerrückerstattung immer zu schönen Urlaubserlebnissen, dann hilft eine schnelle Collage. Für jedes Jahr ein aussagekräftiges Bild aussuchen, auf eine geeignete

Ziele visualisieren.

Unterlage kleben und an die Wand damit. Anschaulicher kann das Ziel gar nicht werden, um Ihre Motivation zu steigern.

Wenn es statt der Steuererklärung der jährliche Frühjahrsputz sein soll, der immer verschoben wird, dann ist das mentale oder physische Zielfoto eine glänzende Wohnung mit streifenfreien Fenstern und blinkenden Böden. Hauptsache, das Gefühl dahinter ist positiv. Das Ziel verlockt Sie dazu, schnell und pünktlich die Arbeit davor zu erledigen. Dafür ist das Zielfoto da.

Folgende Fragen und Aussagen geben mir eine erste Orientierung:

Was hindert mich daran, meine Aufgaben klar vor mir zu sehen?

Ziele visualisieren	Ja	Nein
Ich habe kein klares Bild vom Nutzen einer Aufgabe.		
Mögliche Nutzen wie eine Steuerrückzahlung sind gedanklich zu weit weg, um mich zu motivieren, sofort mit der Arbeit anzufangen.		
Der Ausblick auf lohnende Aufgaben motiviert mich.		
Ich verliere meine Ziele schnell aus den Augen.		
Bilder erreichen mich eher als Punkte auf einer Liste.		

Checkliste

⌕ Jede Aufgabe erfüllt einen Zweck / Nutzen oder erbringt einen Vorteil

⌕ Jede Aufgabe erhält dafür ein klares Zielfoto

⌕ Das Zielfoto muss ein positives Gefühl heraufbeschwören

⌕ Berücksichtigen Sie, dass Änderungen an den Aufgaben auch die Zielfotos verändern könnten

⌕ Zielfotos bei Bedarf greifbar machen:
  ▸ Ausdrucken
  ▸ Bildercollagen
  ▸ Ideal-Kontoauszug als Ausdruck

⌕ Zielfotos stets präsent halten und vor dem Aufschieben vor Augen führen

13.
Schieben Sie die Aufschieberitis auf

Das Aufschieben aufschieben.

Sie wissen um den Ernst der Aufschieberei. Daher drehen Sie den Spieß doch einfach mal rum: Sagen Sie sich: ›Heute ist kein guter Tag zum Aufschieben. Morgen ist der Tag zum Aufschieben – heute habe ich dafür keine Zeit.‹

Keine Zeit zum Aufschieben.

Schauen Sie sich Ihre Liste an. Was da alles draufsteht und erledigt werden will. Wie sollen Sie nun noch etwas aufschieben? Genau, dafür ist gar keine Zeit.

Pausen sind drin.

Das heißt aber auch, mal bewusst einen Tag zum Aufschieben einzuplanen. Pausen sind schließlich wichtig. Allerdings erst, wenn ganz klar Zeit dafür vorhanden ist und keine Fristen drohen, die die Existenz gefährden.

Pausen sind drin wenn …

Wann sind denn gute Tage zum Aufschieben? Na wahrscheinlich dann, wenn Sie müde sind, etwas angeschlagen durch eine Erkältung. Wenn die Kinder zahnen oder draußen ein Schneesturm tobt. Wenn Sie tage- und wochenlang nicht eine Sache aufgeschoben haben und einfach mal eine Pause im straffen Tagesprogramm benötigen. Erst dann, nicht vorher!

Die erledigte Aufgabe ist die Belohnung, nicht das Aufschieben!

Das Aufschieben darf keine Belohnung werden. Aufschieben darf schon mal sein, hinterlässt aber oft ein negatives Gefühl. Belohnungen sind positiv, deswegen sind sie ja so wertvoll! Also schaffen Sie sich Si-

tuationen, die positiv besetzt sind, indem Sie die Aufschieberei aufschieben. Keine Zeit für Ausreden oder
Erklärungen für Kollegen und Kunden.

Folgende Fragen und Aussagen geben mir eine erste
Orientierung:

Kann ich meine Aufschieberei auch sinnvoll nutzen?

Kann ich das Aufschieben aufschieben?	Ja	Nein
Die Liste ist so lang, da ist kein Platz fürs Nichtstun.		
Jede aufgeschobene Aufgabe macht die Liste an Kosten und Problemen größer.		
Ich will meine Liste kürzer machen, nicht länger.		
Das Aufschieben befriedigt mich nicht (mehr).		
Die Pause nach einer erledigten Aufgabe ist viel verlockender als die nach einer Aufschieberei.		

Checkliste

- Aufgabenliste anschauen
- Terminvorgaben anschauen
- Aufschieben aufschieben!
- Eine Aufgabe nach der anderen im Plan erfüllen
- Reguläre Pausen und Belohnungen nach einer
  erfüllten Aufgabe genießen

14.
Lawinengefahr

Unerledigtes kommt ins Rollen.

Tätigkeiten auf den letzten Drücker erledigen, zu sagen: ›Das hat in der Vergangenheit auch schon so geklappt‹, laufend begeistert neue Baustellen beginnen, terminliche Versprechen geben – aber nicht starten oder Dinge zu Ende zu bringen: Das kann tödliche Folgen haben. Eines Tages überhäufen sich die Ereignisse. Die Schlamperei und Coolness fördert Unfähigkeit zutage, Kollegen und Partner werden misstrauisch, es kommt zum Bruch. Zu guter Letzt begräbt einen die Last der vielen unerledigten Aufgaben.

Lawinengefahr!

Und Lawinen hält nichts so schnell auf. Da geht viel zu Bruch, was sich nicht so einfach kitten lässt. Stellen Sie sich vor, Sie würden vor einem Berg stehen. Der rollt direkt auf Sie zu. Unangenehmer Gedanke? Aber sicher!

Vermeidbare Risiken stehen im Raum.

Die Verärgerung der Kollegen, gebrochene Verträge und verlorenes Ansehen sind vermeidbare Risiken. Risiken, die durchaus auch in Gerichtsverhandlungen enden können und im Besuch vom Gerichtsvollzieher.

Kleine Schritte statt Arbeitsberge.

Es hat sich als vorteilhaft erwiesen, den Weg der kleinen Schritte zu wählen. Und wenn die Steuererklärung wie ein Mount Everest vor mir liegt, rufe ich mir ins Gedächtnis, wie ein Elefant verspeist wird: Indem ich ihn in kleine Scheiben schneide und verzehre. Denn diese kleinen Schritte machen eine Arbeit erträglich, die sich auftürmt durch die Aufschieberitis.

Also wird besser eingeschritten, bevor der Berg an aufgetürmten Aufgaben ins Rollen gerät.

Folgende Fragen und Aussagen geben mir eine erste Orientierung:

Stehe ich kurz vor einer Lawine, die mich bald überrollt?

Überrollt mich meine Arbeit?	Ja	Nein
Die Aufgaben und Aufträge stapeln sich.		
Den Überblick habe ich bereits seit einiger Zeit verloren.		
Ein kleiner Anlass genügt, dass der Berg ins Rollen gerät.		
Die aufgetürmte Arbeit wirkt unbezwingbar auf mich.		
Ohne Hilfe überrollt mich die Arbeit irgendwann.		

Checkliste

✍ Fristen checken für alle anstehenden Aufgaben
✍ Fristverlängerungen erwirken bei allen Aufgaben, die nicht wichtig und dringend sind
✍ Dringende und wichtige Aufgaben vorziehen
✍ Aus jeder Aufgabe kleine Schritte machen, die leichter zu bewältigen sind
✍ Bei Lawinengefahr Hilfe suchen in Form von Coaches, Arbeitskollegen, Freunden usw.
✍ Keinen Berg voller Aufträge und Arbeiten mehr entstehen lassen!

15.
Belohnen tut gut

Belohnen Sie
sich!

Das gehört einfach dazu: Belohnen! Belohnungen für gute Arbeit sind motivierend. Motivierend ist, daraus zu lernen und es beim nächsten Mal zumindest wieder genauso schnell und gut zu erledigen. Und sofort. Bestimmt haben Sie schon einige Wünsche auf der Warteliste.

Erst die Arbeit,
dann die Belohnung.

Werden Ideen für eine gelungene Belohnung gesucht? Dann schreiben Sie einmal alles auf, was Sie üblicherweise als Fluchtverhalten an den Tag legen würden: Schnell duschen, bevor der Abwasch erledigt wird? Eine gemütliche Radtour, bevor die Steuererklärung angegangen wird? Das drehen Sie herum! Erst die Arbeit, dann die verdiente Belohnung. Dann aber sofort und ohne Verzögerung. Belohnen ist so wichtig, das gehört auf keine Terminliste. Nach einem Arbeitstag in Ruhe gemütlich einen Kaffee mit den Kollegen trinken ist sinnvoll, viele kleine Kaffeepausen, um die Arbeit zu umgehen, dagegen nicht.

Die innere Befriedigung ist die beste Motivation.

Die schönste Belohnung wird dann die, die dauerhaft die Motivation erhöht. Die innere Befriedigung, einmal eine Arbeit pünktlich erledigt zu haben, schnell und gut. Das lässt sich wiederholen. Die Erinnerung daran motiviert immer weiter, auch wenn längst weitere Punkte auf der To-do-Liste ganz nach Plan bearbeitet sind.

Belohnung von außen motiviert zusätzlich. Echte Anerkennung von Kollegen oder dem Chef, das beflügelt noch weitaus mehr. Männer können diese Anerkennung etwas leichter einfordern als Frauen, sagt die Gender-Forschung. Pünktlich erledigte Aufgaben sind durchaus eine Erwähnung beim Chef wert, wenn es vorher Probleme mit der Pünktlichkeit gab.

Belohnung von außen: Chefsache.

Manchmal kann ein Wunsch aufgrund seiner Größe nicht gleich eingelöst werden, sondern erfordert eine schrittweise Einlösung, zu der mehrere zu erledigende Aufgaben gehören. Belohnen Sie sich nach getaner Arbeit aber wirklich und schieben Sie es nicht auf! Ein Beispiel: Eine Taucherausrüstung ist teuer und besteht aus vielen Teilen. Ein großes Projekt besteht oft ebenfalls aus verschiedenen Teilabschnitten. Bei jedem pünktlich absolvierten Teilabschnitt gibt es einen Teil der Ausrüstung. Vom eigentlichen Tauchanzug bis hin zu geeigneten Schuhen oder einer wasserfesten Taucheruhr.

Schrittweise Belohnung ist erlaubt!

Nun gibt es Stimmen, die allein die innere Motivation, die Motivation aus eigenem Antrieb heraus, als hilfreich bezeichnen. Demgegenüber wäre eine durch äußere Einflüsse bedingte Motivation weniger wirksam.

Motivation kommt von innen oder außen.

Chronischen Aufschiebern fehlt häufig die innere Motivation. Also lieber durch äußere Reize motivieren lassen und belohnen, als an der fehlenden inneren Motivation zu verzweifeln. Lieber mit Belohnungen von außen starten. Die Befriedigung stellt sich letztlich von allein ein, wenn die Liste mit Arbeiten und Aufgaben immer kürzer und kürzer wird.

Lieber von außen belohnen, als gar keine Motivation haben.

Außerdem muss Belohnen sein. Schon als Ausgleich für die Arbeit, die bewältigt wird. Neben materiellen Gütern ist unverplante freie Zeit auch eine Belohnung, die die Motivation weiter antreibt. Gerade für alle, die gern aufschieben. Menschen mit Burn-out wird dies manchmal geraten: Nehmen Sie sich eine Stunde am Tag, an der Sie nichts tun. Weder fernsehen noch lesen oder am Computer arbeiten, keine Garten- oder Hausarbeit. Einfach nichts tun, den Kopf frei machen und denken.

Folgende Fragen und Aussagen geben mir eine erste Orientierung:

Lohnt sich meine ganze Arbeit eigentlich?

Gönne ich mir Belohnungen?	Ja	Nein
Die innere Befriedigung reicht mir schon aus.		
Die Aussicht auf eine Belohnung spornt mich an.		
Ohne meine Liste mit Wünschen könnte ich mich gar nicht motivieren.		
Anerkennung von anderen ist die beste Motivation.		
Wenn ich pünktlich meine Aufgaben bearbeite, habe ich mir auch eine Belohnung verdient!		

Checkliste

- Liste mit Wünschen aufstellen
- Jeder Aufgabe eine Belohnung zuteilen
- Bei großen Projekten kleinere Wünsche erfüllen: Etappenziele formulieren und Etappenbelohnungen zuweisen
- Strikt nach Plan abarbeiten
- Erst Arbeit beenden, dann belohnen!

16.
Und immer wieder: Planen!

Ungenaues Planen begünstigt das Aufschieben.

›Auch die längste Reise beginnt mit einem einzelnen Schritt.‹ (Chinesisches Sprichwort) Viele Menschen planen ihren Urlaub besser und präziser als ihr Leben. Und selten wird der Urlaub aufgeschoben. Aufschieben wird natürlich durch ungenaues oder fehlendes Planen begünstigt. Daher gilt es genau zu überlegen – zu planen –, was die nächsten Aufgaben sind. Wann sie erledigt sein müssen. Und welcher Zeitbedarf dafür eingeplant werden muss.

Beispiel: Planung und Übersichtlichkeit.

Ein selbstständiger Kollege hat bei jeder eingehenden Anfrage per E-Mail folgende Vorgänge angefangen:

1. Genaue Zeitplanung für die Dauer des Auftrags, Korrekturgänge und Verhandlungszeiten extra
2. Nach Eingang der Angebotsbestätigung aus der E-Mail einen Termin im Kalender angelegt mit automatischer Erinnerung
3. Aus dem Termin eine Arbeitsaufgabe, die jeden Tag in seinem E-Mail-Programm angezeigt wurde

Freie Tage aus der Planung herausnehmen!

Auf diese Weise blieben alle größeren Aufträge immer im Kalender, unübersehbar. Dabei muss allerdings berücksichtigt werden, dass auch freie Tage, Urlaube, Geburtstage und Feiertage oder Zeiten mit geringer Arbeitsleistung eingetragen werden. Die erste Woche nach den Sommerferien ist so eine Zeit mit geringer Arbeitsleistung, zumindest für Eltern. Der Kopf ist bei den Kindern und dem neuen Schuljahr, zumindest zeitweise. Also planen Sie diese Zeiten anders ein, mit mehr Spielraum.

Zur Unterstützung gibt es noch andere Hilfsmittel, Projektplanungssoftware, Visualisierungstechniken wie Mindmaps oder der einfache Stift samt Zettel. In der Gastronomie ist das Reservierungsbuch unverzichtbar. Was in der einen Branche funktioniert, lässt sich auf andere übertragen.

Hilfsmittel für die Planung.

Dann wäre da noch die Aufteilung in einzelne Etappen. Muss ein E-Book geschrieben werden, dann steht das Konzept an, die inhaltliche Gliederung, das Verfassen der einzelnen Seiten, Korrekturgänge bis hin zur Übermittlung an den Auftraggeber oder den Verlag. Pro Woche wird das jeweilige Etappenziel schriftlich festgehalten, das lässt sich im Kalender eintragen und nach Beendigung befriedigt streichen.

In Etappen planen.

Manchmal machen weniger Aufgaben pro Tag am Ende mehr Sinn. Schaffe ich diese Aufgaben, dann kann ich ohne Probleme dem nächsten Tag vorgreifen.

Wenige Aufgaben vornehmen, mehr erreichen.

Das ist vor allem für Selbstständige oder Teilzeitkräfte wichtig. Denn wer sich zu viel in zu wenig Zeit vornimmt, scheitert oft an den eigenen Vorgaben. Wer am Tag nur eine begrenzte Anzahl von Stunden zur Verfügung hat, der plant besser weniger Aufgaben ein. Besonders, wenn Störungen von außen wie Telefonanrufe, Besucherverkehr oder kurzfristige Aufgaben dazwi-

Eine gute Planung hebt die Motivation.

schenkommen können. Ein positiver Nebeneffekt dabei ist: Die Motivation kann nicht sinken, weil zu viele Aufgaben am Ende des Tages liegen bleiben. Stattdessen sind die wenigen Aufgaben erledigt. Bei guter Planung ist Zeit für die nächsten Aufgaben übrig. Selbst wenn die nur teilweise geschafft werden. Das gute Gefühl, mehr als geplant geschafft zu haben, das bleibt!

Wartezeiten zum Planen ausnutzen. Keine Zeit zum Planen? Dann ist Folgendes einen Versuch wert: Fast jede Wartepause eignet sich zum Planen. Beim Arzt, beim Friseur, in der Warteschlange an der Kasse. Das wären 5 Minuten, die sonst verloren sind. Ein Terminplaner, Zettel und Stift oder das Smartphone mit Kalenderfunktion dagegen retten diese kurzen Pausen. Und gliedern die Planung in kleine Häppchen, die kaum abschrecken.

Folgende Fragen und Aussagen geben mir eine erste Orientierung:

Wie fit im Planen bin ich eigentlich?

Wie steht es um meine Planung?	Ja	Nein
Zum ausführlichen Planen fehlt mir oft die Zeit.		
Auch ohne Planung hatte ich bisher meine Aufgaben und Aufträge im Griff.		
Eine gute Zeitkalkulation wäre schon hilfreich.		
Mir fehlt der Überblick, was ich wann zu erledigen habe.		

Wie steht es um meine Planung?	Ja	Nein
Ohne Plan fühle ich mich durch die vielen Termine überfordert.		

Checkliste

✐ Zeitfenster zum Planen finden und fest etablieren

✐ Jede bestehende Aufgabe terminieren: Wann wird sie angefangen und wann wird sie beendet sein?

✐ Alle neue Aufgaben terminieren: Ist die Aufgabe überhaupt zu schaffen? Kann ich diese Aufgabe annehmen?

✐ Etappenziele bei größeren Projekten definieren

✐ Spielraum für freie Tage, Ferien, Krankheit einplanen

✐ Beim Plan bleiben, auch wenn andere Aufgaben sich dazwischendrängeln wollen

17.
Mein Arbeitsumfeld

Unordnung verhindert produktives Arbeiten und kostet Zeit!

Schaffen Sie sich ein motivierendes Arbeitsumfeld. Sie müssen sich an Ihrem Arbeitsplatz wohlfühlen. Wie oft habe ich in früheren Jahren zunächst einmal jeden Morgen aufgeräumt, gesucht, abgelegt, sauber gemacht. Viele Stunden gingen für diese unwichtigen Arbeiten drauf, die ich bei einer optimalen Organisation meines Arbeitsplatzes hätte einsparen können. Mittlerweile komme ich jeden Morgen an einen aufgeräumten Schreibtisch mit einer leeren Arbeitsfläche. Somit kann ich gleich loslegen. Es ist motivierend, wenn der nächste Arbeitstag ohne Sortieren und Sichten startet.

Grundordnung herstellen mit der 3-Kisten-Regel.

Wie komme ich zu einem aufgeräumten Schreibtisch? Klar, mit Aufräumen. Am besten einmalig die Zeit einplanen, um alles zu sortieren. Wenn ich mir mit einigen Materialien unsicher bin, dann wende ich die 3-Kisten-Regel an: Was ich jeden Tag in der Hand habe, kommt in die erste Kiste. Was ich wenigstens einmal im Monat in der Hand halte, gehört in die zweite Kiste. Die dritte ist reserviert für alles, was ich wesentlich seltener benutze. Die kommt am besten in einen Schrank. Steht sie unbeachtet wenigstens ein Jahr an diesem Platz, kommt der gesamte Inhalt weg. Das Ergebnis: Ein Arbeitsplatz ohne Ballast.

Jedes Ding braucht seinen Platz.

Feste Rituale für die Ordnung helfen mir dabei, abends einen sauberen Schreibtisch zu hinterlassen. Morgens begrüßt mich ein leerer Tisch. Fit für neue Aufgaben.

In der Produktion gibt es dafür ganze Ordnungssysteme, KANBAN oder LEAN genannt. Jedes wichtige Utensil, vom Stift bis zum Tacker, bekommt einen festen Platz zugewiesen. Da entfällt das Suchen und Finden, das Stöbern in Unterlagen und Kramen in Schubladen oder Kisten.

Also: Her mit den festen Ritualen. Wieder etwas, das nicht aufgeschoben werden darf. Dafür gibt es noch einen Trick, die 3-Minuten-Regel: Alles, was in weniger als 3 Minuten erledigt werden kann, wird erledigt. Alles andere bekommt einen festen Termin. Wenn ich ein Dokument zum Ablegen in der Hand halte und mich das Lochen und Abheften weniger als 3 Minuten kostet, ja, dann mache ich das sofort. Dann türmt sich die Ablage nicht zu hohen Papierstapeln und eine weitere Aufgabe ist erledigt, bevor sie aufgeschoben werden kann.

3-Minuten-Regel.

Manchmal brauche ich das kreative Chaos. Während der Arbeit ist das sinnvoll. Dann bin ich mitten im Schwung. Da wird auch nichts abgelegt oder sortiert. Kreatives Chaos, das beim Erledigen der Aufgaben hilft, darf bleiben.

Kreatives Chaos ist ok!

Dann ist da noch die Sache mit der schönen Arbeitsumgebung. Tisch, Stuhl und Laptop sind für den einen ausreichend. Ein anderer fühlt sich durch diese strikte Ordnung blockiert und sucht Möglichkeiten, diesen Arbeitsplatz zu verlassen. Flucht bedeutet aber: Die Aufgaben bleiben liegen. Also muss der Arbeitsplatz schöner werden: Blumen, Bilder, Kerzen, Preise oder Kunstgegenstände. Was hilft, ist erlaubt.

Wie der Arbeitsplatz zum Wohlfühlort wird.

Folgende Fragen und Aussagen geben mir eine erste Orientierung:

Wie ist es um Ihren Arbeitsplatz bestellt?

Arbeitsplatz	Ja	Nein
Der Schreibtisch quillt über, das Platzschaffen am Morgen kostet Zeit und Nerven.		
Viele Dinge nehmen Platz weg, ohne dass ich sie ständig brauche.		
Das Arbeiten macht im Moment keinen Spaß an meinem Arbeitsplatz.		
Ein leerer Schreibtisch motiviert mich, sofort loszulegen.		
Ich habe alles, um meine Arbeit zu erledigen: Jedes notwendige Material, genügend Platz und das ausreichende Maß an Ordnung.		

Checkliste

- Grundreinigung: Altlasten vom Arbeitsplatz entfernen
- Angenehme Atmosphäre schaffen für produktives Arbeiten
- Ordnungssysteme einführen und benutzen: Jedes Ding bekommt seinen Platz
- 3-Minuten-Regel anwenden: Das hält die Zeiten für Ablage und Ordnung schaffen so kurz wie möglich
- Chaos im Arbeitsprozess zulassen, solange er nicht blockiert
- Die letzte Handlung eines Arbeitstages: Schreibtisch aufräumen, Papierkorb leeren

18.
Nein

Neinsagen
spart Zeit.

Das zeitsparendste Wort ist ›Nein‹. Es ist dann ange-
bracht und auch auszusprechen, wenn wir eh schon
drohen, unter all den Aufgaben und Terminen zusam-
menzubrechen. Deswegen sagen Sie in diesen Situationen zukünftig Nein, wenn Sie Ja sagen wollen. Ja sagen
wollen Sie nämlich deswegen, weil plötzlich eine schö-
nere Aktivität in den Mittelpunkt rückt, welche von
der momentanen nicht so prickelnden ablenkt.

›Nein‹ ist ein
wichtiges Wort.

Ablenkung ist jetzt aber verboten, genau wie Multitasking oder Aufschieberei. ›Nein‹ wird zu einem
wichtigen Wort, das vor weiterer Arbeit und drohenden Lawinen bewahrt.

Neinsagen
schont eigene
Ressourcen.

Nein zu sagen, ist schwer. Zu viele Aufgaben gleichzeitig bearbeiten zu wollen, viel schwieriger. Also
lernen Sie, Nein zu sagen. Am besten in kleinen
Schritten. Wenn die Kollegen eine kurze Kaffeepau-
se einlegen, die eigene Arbeit aber gerade gut läuft:
Nein sagen. Wenn der Nachbar seinen Rasenabschnitt
liegen lassen möchte, weil sein Kompost bereits voll
ist: Nein sagen. Alles, was zusätzliche Aufgaben bedeutet, was zusätzliche Punkte auf Ihre Liste bringt:
Sagen Sie Nein dazu.

Jasagen macht es
nur auf den ers-
ten Blick leichter.

Ja sagen, ist dagegen viel einfacher. Der Kollege, der
noch schnell eine Aufgabe erledigt sehen wollte, ist
zufrieden. Der Chef, der eine kürzere Bearbeitungs-

zeit verlangt, der ist mit einem schnellen Ja auch zufrieden. Wenn der Partner vorschlägt, mal eben einkaufen zu fahren, ist das verlockender, als den Berg Belege für die Steuererklärung zu sortieren.

Strategien für Neinsager:

Strategien, um Neinsagen zu trainieren.

- Bedenkzeit erbitten und prüfen, ob die neue Aufgabe wirklich Platz hat auf der Liste.
- Gründe für ein Ja oder Nein ganz individuell hinterfragen: Was genau spielt gerade in die Entscheidungsfindung mit hinein? Die Aufschieberei, Bedenken wegen drohender Konsequenzen oder die Angst, nicht gemocht zu werden?
- Der Preis für allzu schnelles Ja-Sagen muss direkt vor dem geistigen Auge erscheinen: Weitere nicht eingehaltene Termine, noch mehr unerledigte Aufgaben. Genau davon wollen wir doch weg!

Folgende Fragen und Aussagen geben mir eine erste Orientierung:

Wie steht es um meine Fähigkeit, eigene Grenzen zu kommunizieren?

Kann ich Nein sagen?	Ja	Nein
Ich helfe gern aus und nehme Aufgaben von Freunden/Kollegen auch bei vollem Terminplan mit auf.		
Zusätzliche Aufgaben vom Chef kann ich schlecht ablehnen.		

Kann ich Nein sagen?	Ja	Nein
Ich möchte niemanden vor den Kopf stoßen, deshalb sage ich oft Ja, wenn ich Nein meine.		
Neinsagen wirkt schnell barsch, das will ich vermeiden.		
Wenn ich zu allem Ja sagen würde, wäre meine Liste noch viel länger.		

Checkliste

- Bei jeder Aufgabe / Bitte um Bedenkzeit bitten, wenigstens einige Stunden, besser zwei Tage
- Genau kalkulieren, ob zusätzliche Aufgaben im Zeitplan unterzubringen sind
- Alle Informationen einfordern, um realistische Angaben machen zu können!
- Bei straffen Terminplänen ganz klar absagen
- Neinsagen im kleinen Kreis üben (Familie / Freunde)
- Schlechtes Gewissen streichen!

19.
Entschließen Sie sich

Zwei Zustände kommen auf Sie zu: Unentschlossen-heit oder Entschlossenheit. Entscheiden Sie sich für die Entschlossenheit, die Dinge jetzt anzupacken. Denn Sie wissen: Wenn Sie jetzt entschlossen handeln, bringt dies die Sache zum Abschluss!

Der Entschluss, Dinge anzupacken.

Entschlossen sein, das stammt von ›Entschluss fas-sen‹: Was wollen Sie gerade jetzt, in Ihrer Situation? Die Aufschieberei aufgeben und ohne die drohenden Risiken leben? Oder weiter Termine schieben und einem Druck ausgesetzt sein, der stetig zunimmt?

Der Entschluss, die Aufschiebe-rei sein zu lassen, steht an.

Die Entscheidung, ja die Entschlussfassung kann nie-mandem abgenommen werden. Da müssen Sie durch, sich ganz allein entschließen. Denken Sie an die an-deren Tipps auf den vorigen Seiten: Sie haben das Handwerkszeug. Sie sind nicht allein. Viele Menschen kämpfen mit verschiedenen Formen der Aufschiebe-ritis. Alle stehen und standen irgendwann an dieser Kreuzung zwischen Weitermachen oder Stehenblei-ben.

Das Handwerks-zeug für den Entschluss ist da.

Und das Weitermachen lockt: Mehr Zeit, weniger Druck. Erfüllte Aufträge, eingehaltene Termine. Die Belohnungen, die am Ende winken. Sind das genug Anreize für den Entschluss? Dann los!

Winkende Belohnungen.

Folgende Fragen und Aussagen geben mir eine erste Orientierung:

Bleibe ich bei Entschlüssen, wenn sie einmal gefasst sind?

Wie steht es um meine Beschlussfähigkeit?	Ja	Nein
Entschlüsse fallen mir leicht.		
Entschlüsse fallen mir ganz und gar nicht leicht. Ich fürchte um die Konsequenzen.		
Bei großen Projekten zögere ich die Entschlussfassung heraus.		
Kleinere Entschlüsse fälle ich ohne nachzudenken, bei größeren zögere ich länger.		
Einmal gefasst, steht mein Entschluss und ich folge ihm.		

Checkliste

✐ Der Aufschieberitis ganz klar ›Tschüss‹ sagen
✐ Projekte angehen – mit dem festen Entschluss, sie termingetreu zu beenden
✐ Belohnung im Kopf behalten: Was winkt, wenn die Aufgabe pünktlich erledigt ist?
✐ Zielfoto im Kopf behalten: Das positive Gefühl, das hinter allen fristgerechten Aufgaben steht

20.
Gesundes Aufschieben

Genauso wie es das chronische Aufschieben gibt, gibt es auch das gesunde Aufschieben. Wie kann das aussehen? Wenn Tage vollgestopft waren mit Meetings, E-Mails, Informationenlesen, vielen Reisediensten, dann ist es auch einmal erlaubt, Dinge liegen zu lassen. Wenn Sie merken, heute geht nichts mehr, dann wird es Zeit, zu entspannen.

Aufschieben ist erlaubt – ab und an.

Schmerzhafte Warnzeichen von Körper und Geist sind erste Signale für ein Zuviel an Arbeit: Verspannungen, Kopfschmerzen, Magenschmerzen sind solche späten Zeichen, genau wie zufallende Augenlider. Motivationslöcher, unkonzentriertes Arbeiten und vollgestopfte Terminpläne sind eher frühe Zeichen, dass Pausen gut geplant sein wollen.

Frühe und späte Anzeichen dafür, dass Pausen notwendig werden.

Selbstständige tappen schnell in einen Kreislauf aus Überarbeitung und Ehrgeiz, der sie immer weiter und weiter treibt. Kein Wunder, wo eine Krankschreibung die Arbeit ja nicht verschwinden lässt und oftmals Kollegen füreinander einspringen. Viele Selbstständige arbeiten deutlich über die durchschnittlichen 38,5 Wochenarbeitsstunden ihrer angestellten Kollegen hinaus. Manchmal sind es sogar 70 Stunden, so viel wie höhere Manager arbeiten. Zeit für Pausen wird da selten eingeplant, Wochenenden sind zur Rarität geworden, die Zeit des Entspannens da. Dabei ist die genauso wichtig und wertvoll.

Selbstständige gönnen sich selten Pausen.

Dann wird es Zeit, das gewohnte Umfeld zu verlassen, sich mit seinem Partner, mit Freunden oder ganz alleine zurückzuziehen und die Zeit zu genießen. In solchen Momenten ist es wichtig, von der Arbeit und dem täglichen Allerlei abzulassen und die Lebensakkus aufzuladen. Denn das Leben besteht nicht nur aus Arbeit. Ich selbst nehme mir immer wieder solche Auszeiten: Ein Wochenende das Büro zuschließen, zu meinen Dreamdays fahren und über das Leben nachdenken.

Dreamdays? Genau, Tage zum Träumen. An einem abgelegenen Ort, nur meine Gedanken und ich. Kein Telefon, kein Internet, kein Fernsehen. An diesen Wochenenden ziehe ich mich ganz zurück und bin für niemanden erreichbar. Da bleibt die Zeit, um Ziele neu zurechtzurücken. Pläne zu schmieden und Gedanken zu notieren, die für Träume und deren Umsetzung wichtig sind. Ohne Termindruck und vor allem ohne Erfolgsdruck.

In einigen Berufen soll man immer erreichbar sein, heißt es. Es könnte ja ein Notfall eintreten, der sofortige Entscheidungen erfordert. Das kann sein. Doch die eigene Gesundheit und Arbeitskraft sind genauso wichtig. Die müssen geschützt und gehegt werden wie Produktionsstätten oder Kundenverträge. Selbst Manager können ein paar Tage lang unerreichbar sein. Probieren Sie es aus. Wetten, die Welt dreht sich weiter?

Wichtig beim gesunden Aufschieben: Wirklich nicht arbeiten. Keine Gedanken an laufende Projekte verschwenden. Sondern 100 Prozent Entspannung. Wer viel mit Internet, Telefon und Computer zu tun hat, verbannt diese Trias am besten ganz bewusst für zwei bis drei Tage. Warum? Weil die ständige Erreichbarkeit Probleme mit sich bringt, die schon länger von Psychologen kritisch beobachtet wird. Der Verdacht besteht, der Mensch bräuchte Pausen von der technischen Kommunikation. Das Gehirn wäre für dermaßen viel Multitasking und Kommunikation gar nicht ausgelegt.

Deshalb sind Pausen wichtig. Gerade auch für die, die in Gedanken permanent bei der Arbeit sind. Ideen zur Ablenkung gesucht? Wie wäre es mit:

Ideen für die Ablenkung.

- Treffen mit Freunden, die nicht in der gleichen Firma arbeiten
- Ausflüge mit der Familie, die den Kopf frei machen
- Faule Tage direkt auf dem Balkon oder im Garten, inklusive Lieferdienst und ungemachtem Abwasch
- Körperliche Aktivitäten, die den Kopf ausschalten, beispielsweise Mountainbike-Touren, Klettergärten, Wanderungen

Folgende Fragen und Aussagen geben mir eine erste Orientierung:

Klappt es nach den vorangegangenen Tipps nun, einfach mal fünfe gerade sein zu lassen?

Ich genehmige mir eine Pause …	Ja	Nein
Alle Aufgaben sind im Zeitplan.		
Die letzten Tage/Wochen/Monate waren vollgestopft mit Aufträgen und Terminen.		
Mein Kopf fühlt sich blockiert an, die Arbeit geht nur noch schleppend voran.		
Eine kleine Auszeit täte mir vom Gefühl her gut.		
Wenn ich jetzt etwas aufschiebe, habe ich kein schlechtes Gewissen (mehr).		

Checkliste

- ✍ Etwas Verzögerung ist im Terminplan mit einkalkuliert
- ✍ Beim Gedanken ans Aufschieben regt sich kein schlechtes Gewissen
- ✍ Das Aufschieben stellt keine vorgezogene Belohnung dar
- ✍ Ein paar freie Stunden/Tage fühlen sich genau richtig an

21.
Networking

Seit mehreren Jahren leite ich ein kleines Netzwerk von Managern und Unternehmern, die sich circa alle sechs bis acht Wochen treffen. Diese Plattform ist ein geeignetes Instrument, um auch solche unliebsamen Besucher wie die Aufschieberitis zu bekämpfen. Hier lernen die Seminarbesucher, Termine zu setzen, Aktivitäten zu planen und umzusetzen und auch mal Ermahnungen auszusprechen, wenn der eine oder andere Teilnehmer Gefahr läuft, sich zu verzetteln.

Netzwerk aus Unternehmern und Managern.

Feedback in der Gruppe also. Sinnvoll, wenn sich alle Seminarteilnehmer in dem Gebiet Aufschieberitis auskennen. Da greifen dann viele Ausreden zum Aufschieben nicht. Das ist ja gut so! Jeder Manager und jeder Unternehmer landet irgendwann in der Aufschieberfalle. Irgendwann übernimmt man sich mit den Aufgaben, irgendwann kommen zu viele Fristen aufeinander. Dann wird aufgeschoben und vermieden, wenn der Druck zu groß wird. In diesem Netzwerk fangen wir einander auf.

Das Netzwerk fängt seine Mitglieder auf.

Wo gibt es solche Netzwerke? Nun, selbst eins gründen, ist eine gute Idee. Mit geeigneten Kollegen oder Geschäftspartnern können Sie schnell ein eigenes starten, passende Gruppenteilnehmer kommen von allein dazu. Da lädt ein Kollege dann jemand Passendes ein, der ebenfalls von diesem Netzwerk profitieren könnte. Schon findet sich eine Runde zusammen, deren

Netzwerke selbst gründen.

Teilnehmer sich mit vielen verschiedenen Ansichten und Interessen gegenseitig unterstützen.

Netzwerke finden.

Unternehmerstammtische der Industrie- oder Handelskammer, die regionale XING-Gruppe, Branchenstammtisch sind alles gute Anlaufpunkte. Daraus ergeben sich Kontakte, die auf vielen Wegen genutzt werden können. Für gegenseitige Aufträge, zum Lachen, Weinen, Austauschen. Überhaupt, Stammtische sind eine gute Idee, auch außerhalb vom beruflichen Umfeld. Oder Müttergruppen, christliche Vereinigungen, Gartenbauvereine. Die Auswahl ist groß, um ein passendes Netzwerk zu finden.

Ein Anknüpfungspunkt genügt.

Wenigstens einen Anknüpfungspunkt brauchen Sie mit den anderen Teilnehmern: Das kann das Geschäft sein, die Branche oder ein gemeinsames Hobby. Mein Netzwerk aus Unternehmern war für mich so hilfreich, weil es aus Unternehmern bestand. Also aus Menschen, die sich mit den gleichen Themen beschäftigten wie ich, mit Banken, dem Finanzamt, Verträgen, Werbung und Akquise.

Alternative: virtuelles Networking.

Virtuelles Networking ist auch möglich, wenn sich in der Nähe so gar nichts Passendes findet. Dann aber Vorsicht: Der Gruppenzusammenhalt ist ein anderer. Der virtuelle Austausch ist anders als eine gemütliche Runde im Stammlokal. Trotzdem ist es besser als gar kein Netzwerk.

Folgende Fragen und Aussagen geben mir eine erste Orientierung:

Wer fängt mich auf, wenn ich nicht mehr weiterweiß?

Fängt mich ein Netz auf?	Ja	Nein
Ich verfüge schon über ein Netzwerk von Kollegen / Freunden.		
Stammtische et cetera gibt es in der Umgebung, ich fand nur bislang keine Zeit für die Teilnahme.		
Mein Netzwerk konnte mir schon bei anderen Gelegenheiten unter die Arme greifen – warum nicht auch bei der Aufschieberitis?		
Gleichgesinnte für den Austausch zu haben, wäre praktisch.		
Virtuelle Kontakte genügen mir bislang.		

Checkliste

- ✎ Passendes Netzwerk finden:
  - ▸ Selbst gründen
  - ▸ IHK
  - ▸ Unternehmergruppen
  - ▸ Branchengruppen
  - ▸ Regionale Netzwerke ansprechen
- ✎ Regelmäßige Treffen einhalten
- ✎ Im Netzwerk austauschen
- ✎ Hilfe vom Netzwerk einfordern
- ✎ Genauso wie Hilfe anbieten

22.
Aus Erfolgen lernen

Glückwunsch!

Herzlichen Glückwunsch, wenn Aufschieberitis bei Ihnen zukünftig zu einer vergessenen Vokabel werden darf. Das wird sie nämlich, wenn Sie aus erfolgreichen Abschlüssen lernen. Wenn Sie der Aufschieberitis wieder ein Schnippchen geschlagen haben. Wenn Sie wieder als Sieger auftreten und Dinge angepackt haben. Wenn Sie Ihren inneren Schweinehund – der manchmal auch im Rudel auftritt – besiegen durften. Immer mehr Erfolge dieser Art spornen dazu an, auch größere Aktivitäten in Angriff zu nehmen. Auf diesem Wege wünsche ich Ihnen alles Gute!

Erinnern Sie sich:

Nie wieder Berge voller Arbeit!

- Keine unbearbeiteten Berge mehr
- Keine drängenden Fristen, die nicht eingehalten werden konnten
- Keine wackelige Zeitplanung mehr
- Keine verpatzen Chancen und Möglichkeiten mehr

Das alles gehört der Vergangenheit an.

Stattdessen winken jetzt:

Das Leben im Griff haben ...

- Zufriedene Kunden, Kollegen und Freunde
- Chancen und Möglichkeiten, die Sie in Angriff nehmen können
- Freie Zeiträume, die ohne schlechtes Gewissen genutzt werden können
- Ressourcen im Kopf für neue Ideen und Projekte!

Wenn das kein lohnendes Ziel ist. Deswegen viel Erfolg auf dem weiteren Weg!

... das liegt in Ihrer Hand.

Folgende Fragen und Aussagen geben mir eine erste Orientierung:

Wie geht es mir als Mensch, der kein Aufschieber mehr ist?

Wie geht es mir ohne Aufschieberitis?	Ja	Nein
Ich fühle mich gut gerüstet für alles, was an Aufgaben und Aufträgen an mich herangetragen wird.		
Mein schlechtes Gewissen gibt Ruhe.		
Ich bin erleichtert, keine Lawinen bedrohen mich mehr.		
Mein Leben liegt wieder in meiner Hand.		
Ich fühle mich einfach nur GUT.		

Checkliste

- Ich kenne meinen Aufschiebertyp
- Die Frage nach dem Warum ist geklärt
- Ich entschließe mich bewusst dazu, die Aufschieberitis aufzugeben
- Ich habe Überblick über alle offenen und anstehenden Aufgaben
- Ich arbeite mich mit kleinen Schritten vor
- Ich weiß, ich bin nicht allein
- Die Kosten der Aufschieberitis sind mir bewusst
- Die Gefahr der chronischen Aufschieberitis ist abgewendet
- Ein Coach unterstützt mich
- Prioritäten setze ich bewusst und bearbeite nach diesem Schema die Aufgaben
- Zielfotos stehen mindestens vor meinem inneren Auge
- Im Zweifel schiebe ich die Aufschieberei auf
- Ich belohne mich regelmäßig selbst – nach getaner Arbeit
- Die Planung wird regelmäßig wiederholt
- Mein Arbeitsumfeld ist ordentlich und strukturiert
- Ich kann Nein sagen
- Ab und an sind kleine Pausen und Aufschübe in Ordnung
- Mein Netzwerk fängt mich bei Rückfällen und Motivationslöchern wieder auf

Notizen

Notizen

Notizen

Notizen

Thomas Alwin Müller

ist Schnellzeichner, Cartoonist, Illustrator und Dozent für Visualisierungstechniken. Mit flottem Strich verwandelt er Eindrücke und Stimmungen in erfrischend lustige Zeichnungen. Phantasie und Humor gehören zu seinem Leben wie Papier und Stift. Mehr über ihn erfahren Sie unter www.messezeichner.com

Siegfried Lachmann

Experte für Kommunikation, Veränderung und Lebensmanagement, ist nicht nur Buchautor, sondern
auch mit Leib und Seele Seminarleiter, Trainer und
Coach.

Seminarleiter

Sieben Gründe, um mit Siegfried Lachmann als Partner zusammenzuarbeiten:

1. **Mehr Erfolg durch Erfahrung** Über 20 Jahre Seminarerfahrung sowie viele zufriedene Kunden in den Bereichen Beratung und Coaching.
2. **Direkter Kontakt mit dem Coach** Siegfried Lachmann steht Ihnen für Fragen aller Art direkt und unkompliziert unter info@siegfriedlachmann.de zur Verfügung.
3. **Wissen aus der Praxis für die Praxis** Siegfried Lachmann setzt Seminarinhalte und große Teile aus der Beratungspraxis erfolgreich selbst um.
4. **Schnelle Umsetzbarkeit dank einfacher Vermittlung** Siegfried Lachmann war noch nie ein Freund umständlichen Vokabulars. Er bringt die Dinge auf den Punkt.
5. **Der Coach zum Anfassen** Für Siegfried Lachmann steht der Menschen im Mittelpunkt seiner Arbeit. Lernen Sie ihn mittels seiner Medien Blog, Podcast, Lebensplanung-TV sowie Print- und Hörbücher kennen.
6. **Individuelle und maßgeschneiderte Angebote** Personal und Business Coaching durch Siegfried Lachmann gibt es nicht von der Stange, sondern wird auf Ihre jeweiligen Bedürfnisse und Ansprüche zugeschnitten.
7. **Immer eine Spur besser** siegfriedlachmann.de unterscheidet sich durch seine Zufriedenheitsgarantie von anderen Anbietern.

Ich freue mich auf den Dialog mit Ihnen!

Siegfried Lachmann

Ihr Siegfried Lachmann

22 Tipps gegen Aufschieberitis —

Das Hörbuch

Diese ungekürzte Hörbuch-Fassung ist erhältlich unter: www.siegfriedlachmann.de

* Musteransicht

Siegfried Lachmann spricht auch Ihre Produktionen. Mehr über Siegfried Lachmann als Hörbuchsprecher erfahren Sie unter: www.siegfriedlachmann.de